이머전트 코퍼레이션
EMERGENT CORPORATION

이머전트 코퍼레이션

2009년 10월 28일 초판 1쇄 인쇄
2009년 10월 31일 초판 1쇄 발행

지 은 이 | 김창욱·윤영수·채승병
펴 낸 곳 | 삼성경제연구소
펴 낸 이 | 정기영
출판등록 | 제302-1991-000066호
등록일자 | 1991년 10월 12일
주   소 | 서울시 서초구 서초2동 1321-15 삼성생명 서초타워 30층
         전화 3780-8153, 8213, 8372(기획), 3780-8084(마케팅)
         팩스 3780-8152
         http://www.seri.org   seribook@seri.org

ISBN | 978-89-7633-402-2   03320

삼성경제연구소 도서정보는 이렇게도 보실 수 있습니다.
인터넷 홈페이지에서 → SERI 북 → SERI가 만든 책

김창욱·윤영수·채승병 지음

이머전트
EMERGENT CORPORATION
코퍼레이션

살아남는 기업들의 9가지 비밀!

삼성경제연구소

프롤로그 …

혼돈을 경영하라

혼돈의 끄트머리에서 돋아나는 새싹, 이머전스 Emergence
"칠흑 같은 터널을 벗어나 자욱한 안개 속을 걷고 있다."
2009년의 험난한 경영환경을 헤쳐가는 기업들의 현주소를 말해주는 적절한 표현이 아닐 수 없다. 20세기 후반부터 지속되어 온 정보통신기술의 발달, 글로벌화의 심화, 제품과 서비스의 통합 등의 거대한 조류는 기업의 불확실성을 한층 더해 왔다. 그나마 2000년대 중반부터 이어진 글로벌 자산버블로 기업들이 막연하게나마 안심할 수 있었다면, 쓰나미처럼 밀어닥친 2008년 글로벌 금융위기는 그 모든 것이 한순간에 끝없는 나락으로 추락할 수도 있음을 다시금 깨닫게 해주었다.

미국의 핵심산업인 금융산업에 불어닥친 충격은 자본주의의 총아 기업모델로 꼽히던 투자은행 Investment Bank에 엄청난 상처를 주었다. 더없이 기세 등등해 보이던 65년 역사의 베어스턴스 Bear

EMERGENT
CORPORATION

Sterns는 JP모건체이스에 넘어가버렸고, 뒤이어 150년이 넘는 역사를 자랑하던 리먼 브러더스Lehman Brothers가 파산 선고를 받았다. 패니메이Fannie Mae, 프레디맥Freddie Mac, 씨티은행CitiBank, AIG 등이 줄줄이 위기에 처했다는 뉴스는 미국을 선망하던 모든 이들의 어안을 벙벙하게 만들기 충분했다. 그뿐이 아니다. 20세기 미국 산업의 상징과도 같았던 자동차업계의 빅3가 모두 고전을 면치 못하고 있는 데다, 제너럴모터스GM는 2009년 7월 10일 부로 끝내 파산 선고를 받았다.

　최악의 상황을 모면한 기업들도 상황이 어렵기는 매한가지이다. 글로벌 초일류기업 도요타는 2008~2009 회계년도에 4,610억 엔의 영업 손실을 기록하여 59년 만에 적자를 기록했고, 2009~2010 회계년도에도 8,500억 엔의 영업 손실을 기록할 것으로 예상되고 있다. 국내 사정 역시 마찬가지다. 지난 몇 년 간 최고의 경쟁력을 갖춘 세계 1위 산업으로 꼽히던 조선업체들이 휘청거리고 있다. 해운업의 불황 속에 급격한 수주 가뭄을 겪고 있다.

불과 2년 남짓한 시간 동안 역사적인 글로벌 기업들이 줄줄이 퇴장하고, 살아남은 기업들도 악전고투하는 모습은 불안정, 무질서, 혼돈이 결코 먼 이야기가 아님을 일깨워주기에 충분했다. 우리의 경제 질서는 이대로 붕괴되는 것인가? 세계적인 기업들이 함께 몰락의 구렁텅이로 빠져드는 것인가? 이 혼돈의 시기는 과연 어디까지 갈 것인가?

여기서 혼돈chaos의 의미를 다시 한번 생각해 보자. 혼돈은 고대 그리스 신화에서 아무것도 존재하지 않는 혼란한 공백의 상태를 의미했다. 그러나 이것이 고대 그리스만의 관념은 아니었다. 중국의 신화에도 하늘과 땅이 열리기 이전의 우주는 어둡고 혼란한 상태였다. 이 혼돈에서 씨앗이 잉태되어 그리스에서는 가이아Gaia 여신이, 중국에서는 반고盤古라는 거인이 태어난다. 그리고 이들에 의해 세상은 하늘과 땅, 만물이 만들어지며 새로운 질서를 찾아가게 되었다. 이것은 단지 무에서 유라는 단순한 사유의 산물일지도 모른다. 하지만 이러한 동서양의 공통적인 관념 속에서 우리는 옛날부터 사람들이 새로운 질서 이전의 필연적인 과정으로서의 혼돈을 자연스럽게 인식하고 있었음을 엿볼 수 있다.

바로 그런 일이 지금 우리 눈앞에도 재현되고 있다. 끝도 없을 것만 같았던 위기는 어느새 잦아들고 한 켠에서는 예상치 못했던 질서의 씨앗이 보이기 시작했다. 외국 글로벌 기업들이 고전하는 가운데 IT, 자동차, 화학 분야에서 한국의 기업들은 공격적인 포지셔닝을 통해 세계시장 점유율을 끌어올렸다. 미국 5대 투자은행 가운데 유일하게 폭풍을 모면했던 골드만삭스Goldman Sachs는 오히려 경쟁자가 없어지면서 위기 이전을 뛰어넘는 수익을 향유하고 있다.

돌이켜 보면 이런 모습은 낯선 것이 아니다. 과거 1920~1930년대의 대공황 시기에도 P&G는 상식을 뛰어넘는 공격적인 마케팅으로 경쟁자들을 제치고 순항했다. 같은 시기 슬론Alfred P. Sloan, Jr.의 지휘 하에 시보레Chevrolet를 대표 브랜드로 내세운 GM은 대공황을 전후로 하여 포드에 대한 우위를 확고히 굳혔다. 크라이슬러Chrysler마저 이 시기를 이용해 포드를 제치고 자동차 시장 2위 업체로 도약했다. 가정용 시리얼로 친숙한 켈로그Kellogg가 경쟁사 포스트Post를 제친 것도 바로 이 시기였다. GE는 구조조정과 연구개발 투자증액을 실천하며 기업 수준을 한 단계 끌어올렸고, 듀퐁DuPont도 지치지 않는 연구개발 투자로 최고의 혁신기업으로 우뚝 서며 역사에 남을 히트제품을 쏟아냈다.

혼돈의 시기는 이처럼 호황에 드러나지 않던 경쟁우위의 명암이 극명해지는 시기이다. 그리고 살아남은 기업들이 주도하는 새로운 질서가 수면 아래에서 서서히 떠오르는emerging 격동의 시기이다. 이 시기를 헤쳐나갈 역량을 갖춘 기업이 또 한 시대의 번영의 주인공으로 자리잡은 역사는 지난 세기부터 여러 차례 반복되어 왔고, 미래에도 계속될 것이 분명하다. 그렇다면 이런 혼돈의 시기에 새로운 미래를 열어나갈 수 있는 길, 그 이면을 관통하는 원리는 과연 무엇일까?

기업 경영에서 복잡성이 갖는 의미

필자들은 이러한 길을 지난 20여 년 동안 점차 주목을 끌어 온 '복잡성 과학complexity science' 또는 '복잡계complex systems' 이론의 원리를 통해 찾아낼 수 있다고 생각한다.

흔히들 '복잡성'이라고 하면 '난잡한 것', '불필요한 것', '나쁜 것'이라는 이미지만을 떠올리기가 쉽다. 우리는 단순히 대상의 실체를 가늠하기 어려울 때 '복잡하다'고 말하는 습관이 있기 때문이다. 서브프라임 사태로 빚어진 글로벌 경제위기의 내면이 그러하고, 특정 기업이 신상품을 출시했을 때 경쟁사와 시장의 반응 모두가 복잡하기 그지없다. 이런 문제에 직면하면 우리는 문제를 잘게 쪼개어 생각하기 편한 요소 단위로 환원하는 것이 일반적이다. 그리고 여기서 얻어낸 판단을 쉽게 전체의 속성인 양 일반화시켜 버린다. 글로벌 경제위기의 원인을 투기적 금융회사와 자본가들의 '탐욕'에서 찾는 설명이 그러하다. 또한 기업의 잘못된 전략을 CEO 또는 몇몇 담당 임원의 오만과 편견으로 치부하는 설명이 그러하다. 과도한 생산비를 모호한 생산 프로세스와 현장 근로자들의 안일한 태도에서 찾는 것도 그러하다.

하지만 그 복잡성 이면에 숨은 문제는 섣불리 접근한다고 해서 파헤쳐지는 것은 아니다. 실질적인 문제의 본질과 그 해결책은 많은 경우 개별 구성 요소 그 자체보다는, 그들 사이의 관계에 숨어 있다. 이런 관계를 간과하다 보면 진정 중요한 알맹이를 잃어버리게 된다. 복잡성 과학의 연구 성과들은 구성 요소들의 다양한 관계와 상호작용이 시스템에 예기치 않은 영향을 주는 특성을 현대적인 의미의 '복잡성complexity'으로 정의하며, '관계'의 중요성을 일깨워 준다.

예를 들어 정밀한 부품으로 가득 찬 시계가 과연 복잡성을 갖춘 것일까? 뭔가 경이로워 보인다고 해도 시계의 부품들은 설계에 따라 정확히 맞물려서 돌아가고 시간을 표시한다. 각 부속품은 말 그대로 의도된 결과를 만들어 내기 위한 기능의 단위로 작동할 뿐이다. 그 이상의 관계는 없다. 그리고 이로 인한 결과 또한 예측의 범위를 크게 벗어나지 않는다. 배터리가 닳거나 태엽이 완전히 풀리지 않는 한 적당한 오차 범위를 넘지 않을 것이다. 시계와 같은 경우는 복잡성을 갖고 있다 말하기 어렵다. 반면 글로벌 경제위기를 통해 목격한 연쇄적 신용붕괴에 의한 경기의 급반전과 침체, 기업의 급격한 퇴출 또는 부상과 같은 것들은 이런 기계적인 현상과는 사뭇 다르다. 각 경제주체들 사이의 물고 물리는 관계에 의해 벌어지는 이런 다이나믹한 현상, 즉 창발 현상emergent phenomena

이야말로 복잡성의 발로이다.

  이런 관점에서 더 이상 복잡성은 '나쁜 것'이 아니다.* 복잡성은 명백히 존재하고 자연스럽게 받아들여야 할 현실이다. 최근에 어려운 경쟁환경에 직면한 우리 기업들 사이에서 꽉 막힌 현실을 돌파하기 위한 '창조성creativity'이 중요한 화두로 등장하고 있다. 상식적으로 앞서 말한 시계와 같은 기계적인 시스템 속에서 과연 그런 유연한 창조가 가능할까? 그것이 불가능하다는 사실은 모두가 알고 있다. 반면 뭔가 명확히 설명하기 어려운 복잡한 상황 속에서 세기를 뒤흔드는 창조가 나오고 전과 다른 새로운 질서가 창출된다는 사실은 잘 알고 있다. 이는 복잡성과 창발의 본질을 더 잘 이해하고 경영과 관련된 문제에 활용할 수 있는 능력이 더없이 중요해졌음을 말해주고 있다. 마치 폭풍을 헤치고 방향을 잡을 수 있게 도와주는 나침반과도 같이 말이다.

창발기업으로 이끌어 주는 9가지 원리

이 책에서는 일반적인 경영자들이 복잡성의 기본을 이해하고 실제 경영에 응용할 수 있는 프레임워크를 '복잡계 경영'이라고 하고, 이를 실천하여 꾸준한 경쟁우위를 누리는 기업을 이머전트 코

---

* 물론 '지나친' 복잡성은 기업의 부담을 가중시키는 경영의 적일 수 있다. 경영 현장에서 '복잡성 관리(complexity management)'라는 이름 하에 배배 꼬인 문제들을 간결하고 명확하게 정리하려는 분야가 자리잡은 것도 이러한 인식의 결과라 할 수 있다. 그러나 복잡성이 '전혀 없는' 조직도 결코 해결 대안이 될 수 없다.

퍼레이션emergent corporation, 즉 창발기업創發企業이라 칭하기로 한다. 그리고 평범한 기업을 창발기업으로 이끌어가기 위한 9가지 원리를 3개 틀에 담아 제시하고자 한다.

1. 의도적으로 혼돈을 조성하라
2. 작은 요동을 소홀히 하지 말라
3. 네트워크를 촉매로 활용하라
4. 전략의 로드맵을 주시하라
5. 워킹과 점핑을 조합하라
6. 적절한 선별 메커니즘을 확립하라
7. 배후의 시스템 구조를 파악하라
8. 관계 속에서 해답을 찾아라
9. 시뮬레이션을 통해 통찰을 다듬어라

처음 3가지 원리는 '자기조직화 경영의 원리'들이다. 자기조직화self-organization는 창발 현상의 토대가 되는 매우 중요한 메커니즘이다. 이는 외부로부터의 명시적인 통제가 없이도 내부 구성 주체들 사이의 상호작용을 통해 더 조직화된 상태를 만들어가는 것을 의미한다. 강력한 경영자의 규율이 없이도 자율적인 창의성을 발휘하여 밑바닥에서 팀을 조직하고 성공적인 프로젝트를 수행해가는 기업들을 떠올리면 된다. 여기서는 기업에서 새 시대에 필요한 창의성을 끌어내기 위해 필요한 원칙들을 자기조직화의 시각에서 풀어볼 것이다.

다음 3가지 원리는 '적응 경영의 원리'들이다. 적응adaptation은 인간이 태고 이래로 끊임없이 밟아온 과정이다. 인간은 야생의 험악한 자연환경 속에서 다른 포식자, 질병에 노출되면서 생존에 필요한 형질을 체득해 왔다. 이제 문명화된 세상에서도 각 기업들은 급변하는 시장환경에서 다른 경쟁사, 고객들과 마주하며 지속적인 수익 창출과 존속을 위한 조직을 만들고자 노력하고 있다. 이를 위한 끝없는 변화의 시도가 '적응'이다. 우리는 이러한 적응을 이해하는 좀 더 큰 변화의 틀로서 '진화evolution'의 원리를 살펴보고, 그 안에서 효과적인 적응의 원칙을 찾아볼 것이다.

마지막으로 제시할 3가지 원리는 '시스템 사고 경영의 원리'들이다. 앞서의 6가지 원리는 복잡한 경영환경에서 부단히 혁신해가는 기업 조직이 지향하고 갖춰야 할 요건에 대한 것이라고 볼 수 있다. 반면 마지막 3개의 원리들은 시야를 옮겨 그 속에서 직면하게 되는 전략적인 문제를 풀어가는 방법을 제시하고 있다. 앞서 쌓아온 복잡성에 대한 시각을 확장해 기업의 큰 발전 경로뿐 아니라 세세하게 부딪히는 여러 경영상의 문제들의 해법도 모색해보자는 것이다. 이를 위해서는 무엇보다 복잡하게 얽힌 요소간 관계를 가시화하고 통찰을 얻을 수 있는 사고의 도구가 필요하다. 이 3개 원리를 통해, 다소 막연하게 보일 수 있는 복잡성을 미시적인 시각에서 더욱 체계적으로 이해하는 방법론과 원칙에 대해 살펴볼 것이다.

필자들은 이상 9가지 원리를 통해 많은 분들에게 아직 생소할 복잡성 과학의 시사점을 최대한 경영 현장과 가깝게 연결하도록 돕는 가이드북을 만들고자 노력했다. 여기에는 지난 2006년부터 삼성경제연구소 복잡계센터를 통해 이뤄진 다양한 성과와 경험도 응축되어 있다. 성과들을 구체적으로 열거하지는 못했지만, 여러 연구들에서 대내외적으로 받은 호평을 돌아볼 때 이 길이 앞으로도 더 많은 가능성과 기회를 열어 줄 것임을 확신한다. 그런 만큼 이 책이 진정으로 복잡성에 대한 갈증을 느끼는 분들은 물론, 이 시대에 창조성의 돌파구를 찾아 고민하는 많은 일반 독자들에게도 하나의 이정표가 되어 줄 수 있으리라 기대해본다. 창조성이 절실히 요구되는 시대, 진화론 탄생 150주년을 맞아 학문의 융합이 중요하게 떠오르는 현실을 다시금 떠올리며 이 책과 함께 주저 없이 한 걸음 더 내디디시길 권한다.

2009년 가을
집필진

차례 …

프롤로그 … 04

Part 1
변화 속에서 살아남는 기업의 원리
- 자기조직화 경영

Principle 1 … 의도적으로 혼돈을 조성하라 27

혼돈, 새로운 질서의 원천 | 의도적 혼돈의 창조 방법 ① 도전적인 목표를 제시한다 | 의도적 혼돈의 창조 방법 ② 공진화를 유도한다 | 의도적 혼돈의 창조 방법 ③ 돌격대를 양성한다 | 의도적 혼돈의 창조 방법 ④ 고객 성향을 실시간으로 포착한다 | 모든 기업이 지향하는 혼돈의 가장자리 위치가 동일할까? | 의도적 혼돈, 기업의 생존을 담보한다

Principle 2 … 작은 요동을 소홀히 하지 말라 45

작은 요동과 나비효과 | 작은 요동, 죽이거나 살리거나 ① 확산을 방지한다 | 작은 요동, 죽이거나 살리거나 ② 시스템적 창출 및 확산 | 갈수록 중요해지는 작은 요동

Principle 3 … 네트워크를 촉매로 활용하라 65

자기조직화의 촉매, 네트워크 | 조직 내 네트워크 활성화 방안 ① 기능횡단 팀을 양성한다 | 조직 내 네트워크 활성화 방안 ② 비공식 네트워크를 활용한다 | 조직 외 네트워크 활성화 방안 ① 플랫폼 전략을 추구한다 | 조직 외 네트워크 활성화 방안 ② 느슨한 외부 네트워크를 구축한다

EMERGENT
CORPORATION

Part 2
끊임없이 적응하고 발전하는 조직의 원리
– 적응 경영

Principle 4 ··· 전략의 로드맵을 주시하라 90
변화는 계속된다 | 환경과 상호작용하는 열쇠 | 로드맵 제1단계: 비전을 설정한다 | 로드맵 제2단계: 시나리오를 수립한다 | 실행을 통한 학습 | 환경과의 끊임없는 적합성 유지

Principle 5 ··· 워킹과 점핑을 조합하라 116
자생적 성장을 위한 끊임없는 혁신 | 워킹과 점핑의 의미 | 워킹과 점핑의 조화 | 워킹과 점핑을 구별하라

Principle 6 ··· 적절한 선별 메커니즘을 확립하라 129
적응의 원천은 무엇인가? | 선별 메커니즘의 2가지 차원 | 내부 선별 메커니즘의 구축 | 외부 선별 메커니즘의 형성 | 상생의 기업생태계 형성이 지속 성장의 원천

Part 3
문제의 본질을 파헤치는 혜안의 원리
— 시스템 사고 경영

Principle 7 ⋯ 배후의 시스템 구조를 파악하라 147
현상에 대한 집착이 낳은 오류들 | 사건들을 하나의 이야기로 엮어라 | 피드백 루프를 발견하라 | 지속 성장의 열쇠 | 변화의 패턴을 파악하라

Principle 8 ⋯ 관계 속에서 해답을 찾아라 166
경험과 직관의 함정 | 문제를 시스템 차원에서 바라보는 조직문화를 정립하라 | 시스템의 관계 속에서 문제의 실마리를 찾아내라 | 관계를 지배하는 규칙에서 문제 해결의 지렛대를 움직여라

Principle 9 ⋯ 시뮬레이션을 통해 통찰을 다듬어라 184
시스템을 스스로 작동하게 하라 | 변화 메커니즘을 모형화하라 | 시뮬레이션을 활용한 기업들

Part
1

변화 속에서 살아남는
기업의 원리

- 자기조직화 경영 -

**EMERGENT
CORPORATION**

EMERGENT
CORPORATION

기업의 생존을 위한 힌트, 자기조직화

기업은 지속 가능성을 위해서 혁신, 창조, 변화 등 새로운 질서를 끊임없이 만들어가야 한다. 기업 경영에 있어서 이러한 변화는 의도적인 통제에 의해 만들어지기도 하지만, 여기에는 다분히 우연성이 내포되어 있다. 의도적 통제가 하향식 top-down 체계에 의해 만들어지는 질서라면, 우연성은 상향식 bottom-up 체계에 의해서 만들어지는 새로운 질서이다.

이러한 우연을 가장한 필연을 만들어내기 위해서 필요한 것이 바로 조직이 아래로부터 자발적으로 질서를 만들어낼 수 있는 시스템을 갖추는 것이다. 이를 위해서는 복잡계 이론인 '자기조직화 self organization[*]'의 원리에서 힌트를 얻을 필요가 있다.

자기조직화란 시스템 내부의 구성 요소들이 자발적인 상호작

---

[*] 열린 시스템 내부의 구성원들이 외부의 통제를 받지 않고 자발적으로 조직화해서 새로운 시스템을 만들어내는 창발(emergence)의 원리. 사이버네틱스, 시스템 이론 등을 연구하는 학자들에 의해서 활발히 연구되었으며, 프리고진과 같은 복잡계 연구자들에 의해 일반적인 개념으로 자리잡았다.

용을 통해 만들어내는 새로운 질서를 의미한다. 이러한 새로운 질서를 창출하기 위해서는 크게 다음 세 가지 조건을 만족해야 한다.

첫째, 시스템이 '혼돈의 가장자리'에 있어야 한다. 혼돈의 가장자리란 시스템이 완전하게 질서정연한 상태도 아닌, 그렇다고 너무나 혼돈스러워서 어디로 튈지조차 예측할 수 없는 무작위적 random인 상태도 아닌, 질서와 혼돈이 적절히 섞여 있는 상황에 있는 것을 뜻한다. 예를 들어 랭턴Christopher G. Langton*은 '혼돈의 가장자리'라는 개념을 설명하기 위해 세포자동자cellular automata**를 가지고 시뮬레이션을 하였는데, 〈그림 1-1〉에서 제시한 세포자동자의 모습에서 그 개념을 쉽게 이해할 수 있다. 물론 이 그림은 단순한 세포자동자의 모습이긴 하나 직관적으로 혼돈의 가장자리를 이해하는 데는 크게 무리가 없을 것이다.

이러한 혼돈의 가장자리는 새로운 생명력의 원천이며, 조직 혁신 및 창조의 원동력이며, 새로운 변화의 기반이 되기도 한다. 만약 시스템이 질서정연하다면 시스템의 변화는 요원할 것이며, 반대로 시스템이 지나친 혼돈 상황에 빠져 있다면 변화를 통제하는 것 자체가 불가능해져서 의도하지 않는 방향으로 변화가 일어날 가능

---

*   랭턴은 인공생명(artificial life)이라는 개념을 처음으로 만들었다. 랭턴은 세포자동자의 생명체적 특성에 착안하여, 세포자동자를 이용하여 컴퓨터 안에서 생명을 만들어 내는 인공생명이라는 새로운 학문 분야를 창조하였다.
** 세포자동자는 유한 상태를 지닌 세포(cell)들의 배열(array)로서, 주변 세포의 일정한 변화에 따라 규칙적으로 변화하는 자동 장치를 가리키는 말이다.

| 그림 1-1 | 랭턴의 세포자동자 시뮬레이션 결과 |

성이 높아진다.

둘째, 변화의 씨앗으로서 요동과 섭동이 있어야 한다. 요동 및 섭동은 시스템이 불러일으키는 작은 변화를 의미한다. 시스템의 외부에서 가해지는 미약한 변동은 섭동이고, 시스템 내부의 구성 요소에 의해 발생하는 작은 변화는 요동이다.

한 예로 냄비에 담긴 물을 생각할 때, 냄비를 손으로 가볍게 건드려서 살짝 흔드는 것은 섭동이고, 열을 가해주어 냄비 안쪽에서 기포가 생기며 물의 흐름이 활발해지는 것은 요동이다. 이러한 요동 및 섭동은 조직 혁신과 창조의 씨앗이 된다. 만약 시스템이 혼돈의 가장자리에 위치해 있다 하더라도 이러한 씨앗이 없다면, 새로운 질서의 형성 자체가 어려워진다.

셋째, '양의 피드백' 과정이 있어야 한다. '양의 피드백positive feedback'이란 시스템의 구성요소들이 같은 방향으로 서로 상호작용하면서 발생하는 증폭 현상을 의미한다. 만약 시스템의 구성요소들이 서로 다른 방향으로 상호작용을 한다면 음의 피드백negative feedback이라고 할 수 있다. 여기서 주의할 것은 양의 피드백에서 '양positive'은 바람직한desirable 방향이 아니라 같은 방향을 의미한다는 점이다. 따라서 주식이 폭등하고 폭락하는 것 모두 양의 피드백이며, 경제가 급격히 발전하거나 급격히 쇠락하는 것도 모두 양의 피드백이다.

스피커에서 발생하는 하울링howling이 대표적인 양의 피드백 현상이다. 노래방에서 노래를 하려고 마이크 전원을 켰을 때 갑자기 '삐익~' 하고 찢어지는 굉음이 들릴 때가 있다. 이것은 스피커에서 나는 잡음 혹은 주변의 소음이 마이크에 입력되고 마이크로 들어간 그 소리들이 스피커에서 출력되고, 그 소리가 다시 마이크에 입력되어 점점 소리가 커지면서 나타나는, 대표적인 양의 피드백 현상이다.

이러한 양의 피드백은 짧은 시간에 급속하게 변화를 일으키는 일종의 추진 엔진 역할을 수행한다. 양의 피드백이 이루어지지 않으면 변화의 씨앗은 새로운 질서를 위한 동력을 얻지 못하게 된다.

태풍과 자기조직화

이러한 자기조직화의 특징을 잘 보여주는 자연 현상이 태풍이다. 완만한 공기의 흐름이 어떻게 무시무시한 태풍으로 발전하게 되는가? 태풍은 한여름 적도 부근의 바다에서 발생한다. 뜨거운 여름 태양 아래에서 적도 부근의 바다 위 공기 온도는 급격히 상승하고 수증기를 잔뜩 머금은 상태가 된다. 그로 인해 대기 상하층 온도차가 커지고 에너지 불균형이 심화된다. 외견상으로는 안정되어 있지만 내부적으로 점차 불안정성이 누적되는 이른바 '혼돈의 가장자리' 상태에 놓이게 되는 것이다.

여기에 작은 소용돌이가 발생하면서 기폭제 역할을 한다. 한마디로 작은 요동이 혼돈의 가장자리에 엄청난 변화의 서막을 여는 역할을 하는 것이다. 사실 바람이 지나가면서 공기의 소용돌이 현상을 만들어내는 것은 흔히 있는 일이다. 평상시 같으면 이러한 소용돌이는 금방 사라진다. 그러나 불안정한 상태의 공기 중에서는 이야기가 달라진다. 잠재되어 있던 에너지가 이 소용돌이를 통해 분출되기 시작하는 것이다.

이러한 에너지 분출은 회오리 구조와 주변 수증기 사이의 양의 피드백 과정을 통해 증폭된다. 초기 소용돌이에 의해 유입된 고온다습한 공기는 위로 상승하면서 수증기를 응결시키고, 이 응결작용으로 열이 방출되어 공기는 더욱 상승하려는 힘을 받게 된다. 돌고 있는 팽이에 채찍을 가하는 것과 같은 힘이 작용하는 셈이다. 그러면 회오리 구조는 더욱 커지고 더 많은 공기와 수증기를 빨아들이게 되면서, 회오리 구조를 더욱더 성장시키는 것이다. 결국 서로가 서로를 강화시키는 양의 피드백 과정을 통해 작은 소용돌이가 거대한 태풍으로 발전한다.

자연계에서 이런 변화는 특정한 조건 하에서만 일어난다. 태풍은 표면온도가 26.5도 이상 되는 적도 인근의 고온다습한 불안정한 환경에서 주로 발생한다. 또한 지구의 회전으로부터 충분한 스핀이나 소용돌이가 끊임없이 발생해야 한다. 이 2가지 조건이 모두 충족되는 북위 5~30도, 동경 120~170도 사이에서 주로 태풍의 씨앗이 만들어진다.

적도 부근에서 태풍이 잘 발생하지 못하는 이유는, 지구의 자전 때문에 발생하는 코리올리 효과Coriolis effect*가 너무 약해서 충분한 소용돌이를 일으키지 못하기 때문이다. 또한 적도 부근에서 태풍의 씨앗은 대부분 태풍으로 성장하지 못하고 하나의 소용돌이로 그친다. 이러한 태풍의 씨앗이 북동무역풍의 영향을 받아 북동진하는데, 이때 끊임없이 습기가 유입되면서 자기증폭에 의해 태풍으로 성장한다. 그러다가 위도가 높은 북쪽 지역에서 에너지의 유입이 감소했을 때 태풍은 수명을 다하고 저절로 소멸한다.

즉 태풍은 적도보다 약간 북쪽의 고온다습한, 외견상 평온해 보이지만 에너지 상태가 불균형한 혼돈의 가장자리에서 발생한 공기의 소용돌이, 즉 요동이 수증기의 지속적 유입에 의한 자기증폭 과정을 통해 만들어지는 것이다.

자기조직화 경영을 위하여

이러한 자발성에 기초한 자기조직화 원리를 경영에 응용할 수는 없을까? 한창 경영의 화두가 되고 있는 조직의 혁신과 창조 및 변

---

* 코리올리 효과는 회전체 내에서 느끼는 관성력을 의미한다. 지구는 동에서 서로 회전하고 있기 때문에 북반구에서는 오른쪽으로 편향되고, 남반구에서는 왼쪽으로 편향된다. 실제 북반구와 남반구에서 발생하는 태풍의 방향은 반대 방향이 되며, 극지방에서 가장 크고 적도 부근에서 가장 약하게 발생한다.

화를 이끌어내기 위해 자기조직화 원리를 접목시켜 발전시킨 경영원리가 바로 자기조직화 경영론이다. "현재의 조직을 혼돈의 가장자리에 놓이게 할 수는 없을까? 어떻게 조직에 끊임없는 변화의 소용돌이를 만들어낼 것인가? 어떻게 하면 자기증폭을 이끌어낼 수 있을까?" 등이 자기조직화 경영을 위한 핵심 질문이다.

한마디로 자기조직화 경영은 강압적으로 조직을 통제하는 대신, 구성원들로 하여금 자발적인 상호작용을 통해서 상향식의 새로운 질서를 창출해 내도록 하는 경영원리이다. 그 과정에서 필요한 개념이 혼돈의 가장자리, 요동과 섭동, 양의 피드백 등이다.

이때 반드시 고려해야 할 것은 자연계와 기업이라는 조직은 서로 다르다는 사실이다. 즉, 혼돈의 가장자리에서 조직은 끊임없이 새로운 질서를 창출하는데, 그 새로운 질서가 조직에 좋은 방향일 수도 있고 나쁜 방향일 수도 있다. 그렇기 때문에 유리한 방향으로 질서를 창출하기 위해서는 조직이 원하는 방향으로 의도적으로 혼돈을 만들어낼 필요가 있다.

요동 및 섭동 또한 마찬가지이다. 작은 요동이 기업의 위기로 전이되기도 하고 반대로 혁신으로 연결되기도 한다.

그런 만큼 무엇보다 요동을 조직에 유익한 방향으로 자기증폭시키는 프로세스를 이해해야 한다. 이를 위해서 조직 내부와 외부의 네트워크가 어떻게 만들어지고 서로 증폭되는지 살펴볼 것이다.

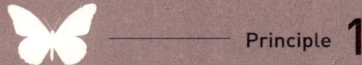

Principle 1

의도적으로 혼돈을 조성하라

혼돈, 새로운 질서의 원천

무질서, 불균형, 불확실성…… 이러한 단어를 접했을 때 대부분의 사람들은 불안정과 혼란, 실패와 같은 부정적인 이미지를 떠올리게 마련이다. 특히 기업 경영에서는 기업이 끊임없이 당면하는 불안정한 상황 속에서 혼란과 불확실성을 최대한 신속하게 제거하는 것이야말로 리더십의 중요 덕목이자 CEO의 역할이며, 성공의 핵심 조건이라고 강조해 왔다. 여기에는 불안정과 불확실성에 노출된 상황이 비정상적이라는 시각이 깔려 있다.

반면 자연과 사회를 넘나드는 공통 원리를 탐구해 가는 최근의 연구 결과들은 이와 다른 시각을 제시한다. 1977년 노벨화학상 수상자였던 프리고진Ilya Prigogine[*]은 이미 반세기 전에 불균형과 무질서에 내포된 새로운 의미를 제시했다. 프리고진은 불균형과 무질서가 인위적으로 제거해야 할 일시적인 현상이 아니라 오히려 일상적인 현상이며, 한층 더 고차원적인 새로운 질서를 만들어내는 원천임을 밝혀냈다. 시스템이 질서정연하다는 것은 구성요소가 서로 유사하다는 의미이고 이럴 경우 상호작용에 의한 시너지가 발생하지 않을 것이다. 시너지가 발생하지 않는다면 새로운 질서를 창조하는 일은 더욱더 요원한 것이 되고 만다.

프리고진에 이은 랭턴, 울프램Stephen Wolfram[**], 카우프만Stuart Kauffman[***] 등의 학자들은 시스템이 혼돈과 질서의 경계면인 혼돈의 가장자리에서 가장 활발하게 새로운 질서를 창조한다는 사실을 밝혀냈다. 혼돈의 가장자리에 위치한 조직의 구성원들은 새로운 변화를 모색할 수 없을 만큼 지나치게 위축되어 있지도, 균형 상태로 회귀할 정도로 획일화되어 있지도 않다. 즉, 혼돈과 질서

---

[*]   프리고진은 베나르 세포를 활용하여 자기조직화의 메커니즘을 과학적으로 증명하여 노벨화학상을 수상하였다. 그의 연구 분야는 복잡계, 소산구조, 비가역성, 자기조직화 등이다.

[**] 울프램은 유명한 계산용 소프트웨어인 매스매티카의 제작자이기도 하고,《Complex Systems》(1987년 창간된 저널 이름)를 창간한 설립자이자 편집자이기도 하다. 그는 수학자이자 물리학자이자 컴퓨터공학자이자 복잡계 연구자이다.

[***] 카우프만은《혼돈의 가장자리(At Home in the Universe)》라는 책으로 국내 독자들에게도 잘 알려져 있는 이론생물학자이다. 산타페 연구소의 명예교수이기도 하면서 복잡계 연구의 발전에 큰 역할을 수행했다.

의 경계면에서 조직의 구성원들은 스스로 끊임없이 새로운 변화를 모색할 준비가 되어 있으며, 가장 왕성한 자기조직화 현상이 발생한다는 것이다.

> "세상에서 변하지 않는 것은 단 한 가지뿐이다. 모든 것은 변한다는 사실이다. 가장 안정된 조직은 불안정하고, 가장 불안정한 조직이 안전하다."
>
> — 전 NEC 회장 고바야시 고지

NEC의 고바야시 전 회장은 새로운 질서의 기반으로서 혼돈의 역할을 정확하게 이해하고 있던 경영자였다. 그는 기업이 성장가도를 달리면서 새로운 것을 추구하지 않고 안정을 추구하는 순간 서서히 몰락의 길로 들어서게 되고, 반대로 곧 망할 것 같은 불안정한 환경 속에서 생존을 위해 지속적으로 변화를 모색할 때 새로운 변화와 혁신이 가능하다고 이야기한다. 안정된 조직은 심각한 변화불감증 환자이며, 불안정한 조직일수록 새로운 변화를 쉽게 만들어낸다는 생각은 대단한 통찰이다.

그런데 조직 내의 혼돈은 새로운 질서의 원천이기도 하지만, 그만큼 조직에 대한 통제력을 상실하게 되면서 조직에 악영향을 끼칠 수도 있다. 그러므로 기업이라는 조직은 사람, 즉 지성을 갖춘 구성원들로 이루어져 있다는 점을 토대로 조직을 유리한 방향으로 이끌고 가도록 의도적 혼돈을 조성해야 한다. 여기에 복잡계 경영의 첫 번째 원리가 들어 있다. 바로 '의도적 혼돈을 조성함으로써 조직을 혼돈과 질서의 경계면인 혼돈의 가장자리로 몰고 가라'는 것이다.

의도적 혼돈을 창출하기 위한 방안은 크게 4가지로 나눌 수 있다. 첫째 도전적이고 추상적인 목표의 제시, 둘째 공진화共進化의 유도, 셋째 돌격대의 양성, 넷째 고객 성향의 실시간 포착이다.

의도적 혼돈의 창조 방법 ① 도전적인 목표를 제시한다

의도적 혼돈을 창조하기 위해서 우선적으로 필요한 것이 조직원들의 상상력을 자극할 수 있는 도전적이고 추상적인 목표를 제시하는 것이다. 대부분의 경영학 교과서에는 CEO는 달성 가능한 범위 내에서 명확한 목표를 제시해야 한다고 되어 있다. 목표가 지나치게 도전적이면 일을 시작하기도 전에 의욕이 꺾이기 때문이다. 물론 이러한 우려 사항이 전혀 없는 것은 아니다. 그러나 도전적 목표는 기존의 일하던 방식을 과감하게 탈피하게 하고 위기의식을 고취시킨다. 또한 조직의 구성원들을 상상의 세계로 몰고 간다. 그럼으로써 기존의 프로세스를 버리고 끝없는 상상의 나래를 펼칠 기반을 형성하는 것이다. 이때 기업 내에서는 와해성 혁신 disruptive innovation*이 활발히 일어날 수 있다.

도요타의 미래를 대변하는 차, 세계 최초로 상용화된 하이브리드 차인 프리우스Prius에 얽힌 이야기가 그 예가 될 수 있다. 처음

프리우스를 기획할 때 하이브리드라는 콘셉트는 존재하지 않았다. 개발팀은 연료효율성을 50% 높이는 자동차를 설계하자는 목표를 세우고 기획안을 경영진에게 제출하였다. 그런데 도요타의 최고경영진은 이 기획안의 목표를 단번에 거부했다. 경영진이 제시한 목표는 연료효율성 '100% 제고'였다. 게다가 아무런 해결 방법도 제시하지 않은 채 개발팀에 이 일을 일임했다.

결과는 어떻게 되었을까? 지나치게 도전적이다 못해 황당하기까지 한 목표를 받아든 개발팀은 모든 것을 처음부터 새롭게 생각하기 시작하였다. 경영진이 제시한 목표는 기존의 가솔린 엔진 연비를 개선하는 평범한 방법과 아이디어로는 도저히 달성할 수 없는 것이었다. 세계 최초로 상용화된 하이브리드 차 프리우스는 이처럼 기존 질서를 뒤엎는 의도적 혼돈 속에서 탄생할 수 있었다.

의도적 혼돈의 창조 방법 ② 공진화를 유도한다

의도적 혼돈을 창조하는 두 번째 방법은 공진화co-evolution를 유도하는 것이다. 공진화란 진화생물학에서 상호 연관된 생물 집단이 함께 진화하는 현상을 일컫는다.

상리공생相利共生을 하는 생물의 관계가 대표적인 경우로, 인간

---

* 와해성 혁신은 하버드 비즈니스 스쿨 교수 크리스텐슨(Clayton Christensen)이 제시한 개념으로 기존 고객의 요구를 충족시키기보다는 새로운 고객이 요구하는 전혀 새로운 성능을 바탕으로 일어나는, 기존 제품·기술과 차원이 다른 혁신을 의미한다.

과 장내균gut flora의 관계에서 예를 찾을 수 있다. 인간의 장 속에는 수많은 유익한 박테리아들이 서식하는데, 이들은 유해한 미생물의 번식을 억제하고 인체의 면역기능을 증진시키며 비타민을 생성하기도 한다. 그리고 대신 인간이 섭취하는 많은 음식으로부터 양분을 섭취하여 효과적으로 번식한다. 이러한 상호 이점들로 인해 우리 신체는 이들 장내균을 체내에 안정하게 받아들이도록 진화해 왔고, 장내균은 체내 환경에서 효과적으로 살아갈 수 있도록 함께 진화해온 것이다. 많은 기업들이 서로 긴밀한 협력관계를 맺고 공동의 발전을 추구하는 모습과 유사하다.

그러나 공진화는 치열한 경쟁관계에서도 관찰된다. 아프리카 평원의 포식자인 표범, 치타 등과 피식자인 영양, 가젤 등은 서로에게 많은 압력을 미친다. 피식자 가운데서도 느리고 순발력이 떨어지는 개체들이 먼저 잡아먹힐 수밖에 없는 상황에서 더 빠르고 유연한 개체들이 더 자손을 많이 퍼뜨려 주류로 자리잡고, 그러면서 더욱 민첩해지는 식으로 진화가 일어난다. 반대로 포식자 가운데에서도 이 속도를 따라잡지 못하는 느린 개체들은 사냥에 실패하고 굶주려 죽을 것이다. 결국 살아남기 위해서는 포식자도 더욱 민첩해지는 방향으로 진화할 수밖에 없다. 과거 미국과 소련의 냉전이 우주 탐사 경쟁, 군비 경쟁 등을 통해 양국의 과학기술 수준을 크게 끌어올린 것과 일맥상통하는 현상이다. 글로벌 시장을 둘러싼 치열한 경쟁을 통해 나날이 경쟁력을 높여가는 기업에도 이는 고스란히 적용된다.

　조직이 한번 성공을 경험하게 되면 과거의 성공공식에 도취되어 과거 방식이 미래에도 통용될 것이라는 자만과 안일, 타성에 젖게 된다. 조직이 겉으로 보기엔 무언가 활발하게 돌아가고 있고, 열심히 일을 하고 있는 것 같지만 실제 성과는 지지부진한 현상이 바로 '활동적 타성active inertia'이다.

　이러한 활동적 타성을 없애고 조직의 긴장감을 끊임없이 유지하려면 조직 내 공진화를 의도적으로 일으켜야 한다. 이를 위해 다양한 방법이 존재하는데, 그중 가장 기본적인 아이디어가 경쟁과 협력이 동시에 발생할 수 있는 장치를 만들어 조직 구성원들이 서로 발전적으로 성장해 나갈 수 있도록 하는 것이다.

　이처럼 공진화를 유도하기 위한 대표적 장치로 집단보상 제도를 들 수 있다. 이 경우 보상의 단위가 되는 집단은 서로 경쟁하고, 각 집단 내에서는 협력이 발생할 것이다. GE가 실시했던 워크아웃도 이와 유사한 사례이다. 여기서는 워크아웃의 기능적 측면이 아닌 그 형식적 측면에 주목한다. 즉 어떤 문제를 해결하기 위한 방법에 주목하는 것이 아니라, 어떤 프로세스와 방법을 취했느냐에 주목하자는 것이다.

　GE는 워크아웃을 추진할 때 항상 복수의 팀을 경쟁시켰다. 하나의 주제에 대해 여러 팀이 동시에 프로젝트를 진행하고 의사결정자 앞에서 발표하게 한 뒤, 선택된 프로젝트의 경우 바로 실행에 옮기도록 조치하였다. 그리고 경쟁에서 이긴 팀에게는 소속 팀원 모두에게 파격적인 보상을 해줌으로써 팀원간의 적극적인 협력을 유도하였다. 즉, 프로젝트 팀간에는 치열한 경쟁이 발생하고, 팀 내부적으로는 상생의 협력이 이루어진 것으로, 공진화 메커니즘이 작동했다고 볼 수 있다. 이러한 공진화 메커니즘은 조직에 활동적 타성이 발생하지 않도록 예방하는 역할을 한다.

서양식 성과주의와 일본 특유의 종신고용 제도를 접목한 캐논의 경우도 공진화의 대표적인 사례이다. 1990년대 일본이 장기불황을 겪으면서 대부분의 기업은 위기에 처했다. 당연히 일본 특유의 종신고용 제도도 하나씩 허물어지기 시작했다.

그러나 캐논은 그 와중에도 종신고용 제도를 고수했다. 캐논은 1990년대 컴퓨터 사업이 실패하고, 전자 타이프라이프 사업에서 철수하면서 큰 어려움을 겪었다. 1995년 취임한 미타라이 후지오 御手洗富士夫 회장은 일본 특유의 종신고용 제도를 유지하는 동시에 철저한 성과주의 정책을 병행하였다. 종신고용과 성과주의, 어떻게 보면 모순적으로 들릴 수도 있다. 그러나 미타라이 회장은 고용 보장을 통해서 안정을 추구하고, 기존의 연공서열을 타파하는 철저한 성과주의 인사제도를 정착시킴으로써 창의성을 극대화시켰다. 즉, 종신고용 정책을 통해 기본적인 협력의 기반을 마련하고, 철저한 성과주의에 의해 경쟁을 촉진시켜 조직원 상호간의 공진화를 유발시킨 것이다.

| 그림 1-2 캐논의 변화된 임금 및 상여 체계도 |

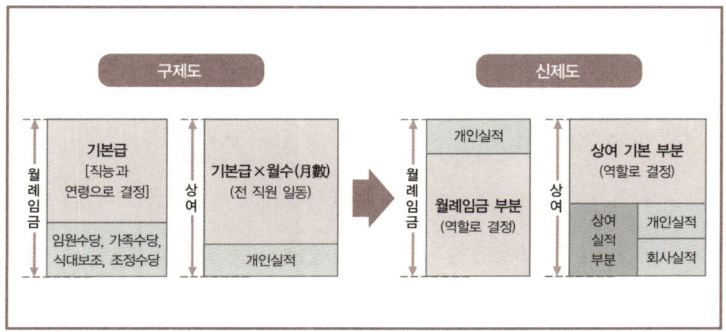

이렇듯 조직 내에서 오로지 경쟁만 존재한다거나, 협력만 존재한다면 의도적 혼돈을 창출해 낼 수 없다. 경쟁과 협력은 서로 양립할 수 없는 듯 보이지만, 같은 사안이더라도 어떻게 이 둘을 적절하게 양립시켜 조직을 이끄느냐에 따라서 또한 어떤 형식을 빌리느냐에 따라서 결과는 크게 달라질 수 있다.

만약 GE의 잭 웰치가 워크아웃을 시행하면서 복수의 팀을 경쟁시키지 않고 특정 팀에게만 문제를 해결하라고 지시했거나, 캐논의 미타라이 후지오 회장이 종신고용을 보장하지 않고 성과주의만을 고집했다면 어떤 상황이 발생했을까를 상상해 보면 쉽게 이해가 될 것이다.

의도적 혼돈의 창조방법 ③ 돌격대를 양성한다

세 번째로, 의도적 혼돈을 창조하기 위해서는 규모가 작더라도 모든 의사결정권을 위임받은 돌격대를 지속적으로 양성해야 한다. 여기서 말하는 돌격대는 새로운 기술, 제품, 사업모델 등을 창조해 내기 위해 만들어진 작지만 강하고 민첩한 독립조직을 의미한다.

 돌격대는 기업의 미래를 담보할 새로운 사업·시장·제품 등을 만들어 내는 씨앗이 된다. 대규모이거나 많은 자금을 투입할 필요가 없다. 가능성이 높은 신제품·신기술·신시장에 대한 아이디어와 다양한 전공 및 배경을 지닌 뛰어난 인재를 투입하고, 이들이 마음껏 능력을 발휘할 수 있는 무대를 만들어 주는 것이 핵심이다. 다양한 배경을 가진 구성원들이 서로 활발하게 의사소통할 수 있는 환경을 만들어 주고, 자발적으로 일하도록 최대한의 자율성을 부여하는 것이다. 이러한 돌격대는 조직에 새로운 활력을 불어넣는 역할을 한다. 또한, 돌격대의 활발한 활동과 성공은 조직의 구성원들에게 새로운 비전을 제시할 수 있다.

 돌격대를 성공적으로 양성한 대표적인 사례로 《USA 투데이》를 들 수 있다. 1990년대 후반 《USA 투데이》는 독자 수가 급격히 감소하며 큰 위기를 맞게 된다. 《USA 투데이》는 고민 끝에 위기의 돌파구로 USA투데이닷컴USAToday.com을 생각해 냈다. 당시는 신문사들이 인터넷에 대한 이해가 전혀 없던 시기였다. 그런 상황에서 자신들의 아이디어를 어떻게 추진할 것인가 고민하다가, 경영진은 USA투데이닷컴에 관한 아이디어를 낸 직원에게 아예 독립적인 팀을 꾸리도록 하였다. 그리고 새로운 팀의 조직원들을 대부분 외부에서 영입한 뛰어난 인재들로 구성하였다. 이 팀은 구성원에서 분위기, 그리고 운영 방식까지 기존 조직과 완전히 분리된 독립 조직으로서, 일종의 돌격대였다.

새로운 팀은 기존 조직이 가진 한계나 고정관념에서 자유로웠던 덕분에 USA투데이닷컴이라는 온라인 사이트뿐만 아니라 텔레비전 방송국까지 만들어냈다. 또한 어느 정도 정착한 이후에는 시너지 증대를 위해 신문사, 온라인 사이트, 방송국으로 연결되는 네트워크형 조직으로 변모하여《USA 투데이》의 핵심 사업군으로 자리 잡았다.

돌격대는 하나여서는 안 된다. 작은 규모이지만 다수의 조직을 양성해야 한다. 혼돈의 가장자리에서 발생하는 새로운 질서에는 다분히 우연성이 가미되기 때문이다. 즉, 신사업·신시장·신제품·신기술 등의 성공은 다분히 우연적이기 때문에 하나에 올인하기보다는 다수의 돌격대를 양성하여 성공 확률을 높이는 것이 중요하다. 마치 태풍의 씨앗이 끊임없이 만들어지지만 실제 태풍으로 성장하는 것은 지극히 제한적인 것과 같은 이치이다.

예를 들어 GE의 제프리 이멜트 Jeffrey R. Immelt 회장은 취임 후 새로운 성장 엔진을 발굴하기 위한 전략으로, 새로운 아이디어를 제공한 임직원에게 보너스를 제공하고 채택된 아이디어에 대해서는 새로운 팀을 구성하여 실행하도록 하는 '상상력 돌파 Imagination Breakthrough 프로젝트'를 추진하였다. 이를 통해 100개 이상의 신제품·신사업에 대한 수많은 아이디어가 양산되었다. 또한 채택된 아이디어에 대해서는 독자적인 의사결정권을 가진 팀을 만들어 그들이 마음껏 능력을 펼칠 무대를 제공해 주었다. 특히 그중에서도 1억 달러 이상의 부가가치를 창출할 수 있는 잠재력이 큰 아이디어만 별도로 선정해서 돌격대를 구성하고 미래의 신 성장동력으로 커나가도록 지원하였다. 기존의 사업을 계승한다는 차원이 아닌 철저하게 새로운 미래로의 투자였던 셈이다. 이렇게 해서 양성된 돌격대가 만들어낸 사업이 바로 에어택시용 소형 제트엔진, 차세대 청진기, 하이브리드 기관차 등으로, 현재 GE의 미래를 견인하고 있다.

의도적 혼돈의 창조 방법 ④ 고객 성향을 실시간으로 포착한다
마지막으로, 의도적으로 변화의 바람을 일으키기 위해서는 고객의 성향을 실시간으로 포착해야 한다. 기업이 끊임없이 변화와 혁신을 이루어내야 하는 궁극적인 목적은 결국 고객의 마음을 사로잡기 위한 것이다. 이는 어떻게 보면 가장 기본으로 돌아가서 고객의 성향에 바탕을 두고 변화와 혁신을 위한 실마리를 찾아야 한다는 의미이기도 하다.

에어워크Airwalk는 변화와 혁신의 미세한 계기들을 찾기 위해 끊임없이 고객과 소통해 오고 있다. 1990년대 초반 이 회사의 마케팅 담당자였던 고든 디디어Gordon Didier는 시장조사 팀을 구성하고 특히 뉴욕, 시카고, 런던 등 전세계의 대도시를 중심으로 청소년들이 무엇에 관심이 있고 그들의 행동에서 어떤 새로운 문화 요소가 나타나는지를 끊임없이 관찰하였다. 이를 통해 그는 파격적이고 기이한 행동과 모습에 열광하는 당시 젊은이들의 취향을 쉽게 파악할 수 있었고 에어워크 제품에 그 이미지를 입히기 위해 노력했다.

그리고 디디어는 그 무렵 젊은 남자가 머리 위에 운동화를 쓰고 늘어뜨린 운동화 끈을 이발사가 가위로 자르고 있는 모습을 광고로 내보냈다. 그는 짧은 광고였지만 그것이 당시 청소년 문화가 지닌 어떤 요소에 부합한다면, 성공적으로 유행의 발전기를 돌릴 수 있다고 믿었다. 결국 그의 예상대로 광고는 큰 반향을 일으켰다. 그로 인해 에어워크는 1993년 1,600만 달러였던 매출이 1994년에 4,400만 달러로 증가하였고 1995년에는 무려 1억 5,000만 달러까지 급상승했다. 에어워크는 이를 계기로 스노보드용 부츠를 생산하던 소규모 전문업체에서 미국에서 나이키 다음으로 높은 매출을 기록하는 거대 기업으로 급성장할 수 있었다.

그러나 전문 대리점 체제를 없애고 일반 매장으로 유통망을 일원화함으로써 초기 수용자들로부터 최신 유행을 선도하는 제품이라는 이미지를 희석시켜 버렸다. 고객의 성향과 기대를 제대로 반영하지 못했던 것이다. 결국 에어워크는 화려한 영광을 뒤로한 채 쇠퇴의 길로 접어들게 되었다.

또 다른 예로 할리 데이비슨을 생각할 수 있다. 1969년 레저업체 AMF에 인수된 할리 데이비슨은 무리하게 판매량을 늘리려다 품질 관리에 실패하며 경영이 더욱더 악화되었다. 이를 보다못한 기존 할리 데이비슨의 경영진 13명이 1981년에 회사를 다시 사들였다. 이들은 할리 데이비슨의 정체성을 되찾기 위해 스스로 문신을 새기고 가죽 재킷을 걸친 뒤 충성 고객들을 모아 HOG Harley-Davidson Owners Group를 결성함으로써 부활의 불씨를 지폈다. 이들은 HOG와 함께 느끼고 생활하면서, 고객들이 원하는 바를 직접 몸으로 체험하고 신뢰를 쌓아 나갔다. 이때 결성된 HOG는 점점 세를 넓혀 전세계적으로 회원 수만 130만 명에 이르게 되었고 각 지역별 모임으로 발전하였다. 이를 계기로 할리 데이비슨은 위기를 극복하고 기업의 지속적인 성장 가능성을 높여 나갈 수 있었다.

더 나아가 최근에는 매년 개최되는 130여 개의 HOG 행사에 수십 명의 인류학자를 참여시켜 고객을 참여 관찰하도록 했다. 이를 통해 고객의 심층적인 열망과 라이프스타일을 파악하여 제품 개발 및 전략 수립에 반영하고 있다. 그 결과 탄생한 것이 할리 데이비슨의 맞춤형 대량고객 Mass Customization 전략이다.

"이 세상에 똑같은 할리 데이비슨 모터사이클은 없다."는 말이 있을 정도로 할리 데이비슨의 모터사이클은 개인이 개조할 영역이 넓고, 회사 차원에서도 이를 적극 지원하고 있다. 할리 데이비슨 매장에는 모터사이클용 부품 및 액세서리 카탈로그가 비치돼 있는데, 분량이 무려 800쪽에 달한다. 머플러, 완충기, 수납함 등 갖가지 부품을 합치면 수만 가지에 이른다. 자기만의 독특한 바이크를 원하는 개성 강한 할리 데이비슨의 고객들은 이를 활용하여 세상에서 유일한 자기만의 모터사이클을 개조customizing할 수 있다.

모든 기업이 지향하는 혼돈의 가장자리 위치가 동일할까?

한편 조직으로 하여금 의도적 혼돈을 창조함으로써 항상 질서와 혼돈의 경계면인 혼돈의 가장자리에 자리 잡으라고 했는데, 그렇다면 모든 조직이 일률적으로 혼돈을 유발시키기만 하면 되는 것일까? 예를 들면 자동차, 선박 등 철저한 관리 및 통제를 통하여 제품을 생산하는 기업과 포털, 광고 등 상상력과 변화에 대한 적응력이 중요한 기업들이 같은 양의 혼돈을 창조해야 하는지 궁금한 것이다.

혼돈의 가장자리가 혼돈과 질서의 경계면이라고 한다면 기업마다 기술, 고객 니즈, 제품 등의 변화 정도에 따라 추구해야 할 이상적 혼돈 상태, 즉 혼돈과 질서의 경계면의 위치가 다른 것은 너무나 당연하다. 가령, 환경 변화가 적은 산업에 속한 기업의 경우 혼돈의 가장자리는 질서의 정도가 높은 쪽에 위치할 것이다. 반면 인터넷, 게임 등 변화가 심한 산업의 경우 더욱 많은 혼돈을 창조하여 질서의 정도가 낮은 쪽으로 치우칠 것이다.

환경 변화가 적은 산업에 너무 많은 혼돈을 조성하면, 기업에 창조성이 더해지고 새로운 질서를 만들어내기보다는 오히려 통제력을 잃고 그야말로 혼란에 빠질 수도 있다. 반대로 환경 변화가 심한 산업에 지나치게 적은 혼돈을 조성한다면 기업이 새로운 것을 만들어내지 못하고 변화의 조류에 뒤처지게 될 것이다.

따라서 의도적 혼돈을 창조함으로써 조직을 혼돈의 가장자리로 몰고 가기 위해서는, 먼저 조직이 지향하는 혼돈의 가장자리 위치가 어디인지부터 정확하게 파악해야 한다. 우리 조직의 지향점이 어디인가에 대한 정답은 없다. 그러나 지속 가능한 기업이 되려면 혼돈 속에서 새로운 돌파구를 찾아낼 수 있어야 한다. 장수하는 기업의 비밀은 바로 의도적 혼돈을 통해 새로운 질서를 창

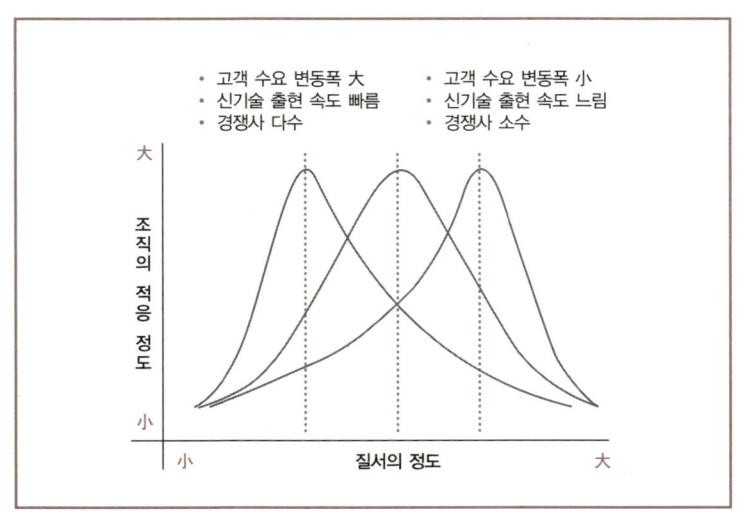

| 그림 1-3 조직의 특성별 적응 정도 |

조하는 데 있으며, 그 한가운데는 의도적 혼돈을 조성하는 훌륭한 리더가 존재했다. 무엇보다 훌륭한 리더는 조직이 나아가야 할 혼돈의 가장자리 위치를 직관적으로 정확하게 파악하고, 조직을 항상 그곳에 위치시킨다는 사실을 명심해야 한다.

의도적 혼돈, 기업의 생존을 담보한다
자연생태계 및 기업생태계에서 안정·균형·질서·확실성이 아닌, 불안정·불균형·무질서·불확실성을 앞서 받아들인 생물과 기업만이 살아남아 한 차원 높은 질서를 선도해 왔다는 사실을 우리는 상기해야 한다. 현재의 기업 실적이 우수하고 미시적인 성과가 끊임없이 개선된다 하더라도 결코 안정적인 성장에 이르는 길을 찾았다고 안심해서는 안 된다. 차가운 물속에서 얼어 죽어가는 과정이 세상에서 가장 편안한 죽음이라는 속설처럼, 안정감은 사실 관 속으로 조금씩 걸어 들어가고 있는 징후인 경우가 많다.

이와 달리 불균형과 무질서, 불확실성이야말로 오히려 변화의 잠재력, 생존의 가능성이 충만한 상태이다. 프리고진의 이론은 이러한 잠재력이 주입됨으로써 변화를 가로막았던 방해 요소들이 끊기고, 궁극적으로 구성원들 간에 새로운 자발적 결속이 생긴다는 것을 보여준다. 그 결과는 예상하지 못했던 새로운 질서의 출현으로 나타나게 된다.

"신이 누군가를 멸하려 하실 때에는 먼저 그의 눈을 멀게 하신다."라는 서양의 격언처럼, 지금 이 순간에도 주변의 안정과 균형 속에서 우리의 눈이 희미해지고 있지 않나 되돌아보는 지혜가 필요하다.

——— Principle 2

작은 요동을 소홀히 하지 말라

작은 요동과 나비효과

"베이징에서 나비 한 마리가 날갯짓을 하면 뉴욕에는 커다란 폭풍이 일어난다."

그 유명한 로렌츠의 나비효과Butterfly Effect를 은유적으로 표현한 말이다. 이는 초기 조건의 미세한 차이로 인해서 큰 변화를 일으킬 수 있음을 뜻한다. 그런데 여기서 더 중요한 점은 나비효과 뒤에 숨어 있는 2가지 중요한 의미이다. 첫째, 초기 조건 자체를 정확히 알 수가 없기 때문에 미래는 예측할 수 없다. 둘째, 한번 경로를 잡으면 과거의 이력에 의존하는 관성, 즉 경로의존성으로 인해 전혀 생각하지 못했던 변화가 발생할 수 있다는 것이다. 기업 측면에서 보면 나비 한 마리의 날갯짓과 같은 작은 행동이 위기로 전이되기도 하지만 기업의 변화를 유발하고 혁신으로 이어져 높은 성과로 연결되기도 한다.

최근 전 세계를 강타한 글로벌 금융위기를 보자. 이것은 미국 서브프라임 모기지의 부실에서 시작되었다. 금리 인상과 집값 하락으로 발생한 부실은 처음에는 그다지 심각한 것이 아니었다. 누구도 이 문제가 이렇게까지 크게 확산되리라고는 예상하지 못했다. 예전 같았으면 이 부실은 대출을 해준 해당 금융기관이 손실 처리하거나 일시적인 자금 지원을 통해 해결이 가능했을 것이다. 그러나 다양한 파생금융상품을 고리로 리스크가 널리 퍼져 있는 상황에서는 이야기가 달랐다. 파생상품을 통해 복잡하게 얽히고 설킨 채권·채무 관계는 일부 부실 상황이 끊임없는 연쇄작용을 통해 엄청난 위기로 발전할 수 있는 조건을 만들어 놓았던 것이다. 더구나 글로벌화의 진전 속에서 그 범위는 한 나라에 그치는 것이 아니라 전세계로 확장되었다. 이처럼 불안정성이 누적된 상황 속에서 작은 부실이 또 다른 큰 부실을 낳는 악순환을 통해 손을 쓸 수 없는 엄청난 위기로 번져갔다.

기업이 몰락하는 과정도 이와 마찬가지이다. 런던에서 가장 오래된 상업은행이자 영국 굴지의 은행 베어링스 Barings Bank가 무너진 것도 닉 리슨 Nick Leeson이라는 직원 한 명의 작은 투자 손실에서 비롯되었다. 베어링스는 닉 리슨과 같은 딜러들이 파생상품 거래를 통해 큰 이익을 거두자 이들에게 많은 권한을 준 반면 감시와 위험 예방은 소홀히 했다. 이는 자체적인 조절 메커니즘을 무력화하고 시스템의 불안정성을 높인 것이라고 할 수 있다. 이러한 상황에서 리슨은 엔화 투자에서 작은 손실을 입게 되고, 이를 감추고 잘못을 만회하기 위해 무리한 투자를 감행하였다. 무리한 투자는 더 큰 손실을 낳았고 이는 더욱더 심각한 불법 행동으로 연결되었다. 견제가 없는 상태에서 하나의 일탈 행동이 더 큰 일탈을 낳았던 것이다. 이는 점점 눈덩이처럼 불어나 결국 수백억 파운드의 막대한 손실을 일으키기에 이른다. 불안정한 시스템 속에서 작은 실수가 엄청난 손실을 일으키는 위험천만한 행동으로 부풀었다.

꼭 위기뿐만이 아니다. 일반적으로 커다란 변화는 작은 계기로부터 비롯되는 경우가 많다. 특히 작은 요동이 긍정적인 방향으로 증폭·확대되는 경우도 있다. 마케팅 분야에서 자주 논의되는 '캐즘 이론Chasm Theory'이나 '티핑 포인트Tipping Point' 개념이 그것이다.

캐즘 이론은 초기의 캐즘(더 이상 발전하지 못하고, 빠져나올 수 없는 수렁 같은 심각한 정체 상태)만 극복하면 시장은 자체의 확산 메커니즘에 의해 비약적으로 증가할 수 있기 때문에 이 캐즘을 넘어서는 것이 무엇보다 중요하다고 주장한다. 그런데 캐즘을 넘어서는 것은 아주 작은 계기로 일어난다. 초기 수용자들에게 얼마나 깊이 다가가느냐가 그것을 결정하는 것이다. 캐즘을 넘어서는 순간이 바로 티핑 포인트이다. 말콤 글래드웰Malcolm Gladwell은 저서 《티핑 포인트》에서 우리가 알고 있는 수많은 폭발적 확산이 실은 작은 계기에 의해서 일어났다는 것을 상세하게 보여주고 있다.

1990년대 중반 미국 젊은이들 사이에서 허시파피 제품이 선풍적으로 유행하였다. 이 유행은 허시파피 회사가 어떤 마케팅 활동을 통해서 만들어 낸 것도 아니고, 예상조차 하지 못했던 현상이었다. 허시파피의 유행은 뉴욕 맨해튼의 이스트 빌리지와 소호에 사는 몇몇 청소년들로부터 비롯되었다. 마침 이 지역에는 이미 유행이 지난 상품을 재판매하는 가게가 있었는데, 아무도 더 이상 허시파피 신발을 신으려 하지 않는다는 이유만으로 몇몇 청소년들이 이 신발을 사서 신고 다니기 시작했다. 그런데 얼마 지나지 않아 이것이 갑자기 엄청난 유행으로 번져갔다. 1994년 연간 판매량이 3만 켤레 정도에 불과했던 제품들이 1995년에는 43만 켤레나 팔렸고 1996년에는 152만 켤레로 늘어났다. 맨해튼 도심의 청소년들이 너도나도 사서 신기 시작하더니 의류광고에 이 신발을 신은 모델이 등장하고, 이것이 유행에 더욱 불을 지피면서 미국 전역으로 퍼져 나갔다. 결국 한동안 미국 청소년들 사이에 허시파피 신발이 패션 아이콘으로 자리 잡게 되었다.

이러한 급속한 유행 현상은 우리나라에서도 종종 볼 수 있다. 1990년대 말 이스트팩, 잔스포츠 등의 브랜드 가방이 청소년들 사이에 유행하더니 거의 모든 젊은이들이 그 가방을 메고 다니는 모습을 여기저기서 목격할 수 있었다. 중고등학생들 사이에서 이 가방의 인기는 실로 대단해서 색상별로 다양한 가방을 착용한 학생들도 많았다. 그렇다고 이러한 유행을 일으키기 위해 그 회사에서 대대적인 광고나 특별한 프로모션을 한 것도 아니었다. 유행이 시작되기 전에는 우리나라에 그다지 알려지지도 않은 브랜드였다. 사실 어디에서부터 그 유행이 시작되었는지 아무도 알 수 없었다. 그러나 한번 유행을 타기 시작하자 너도 나도 따라 하기 시작했으며 결국 모든 청소년들이 같은 브랜드의 가방을 등에 메고 다니게 되었다.

이처럼 유행이라는 것은 모방에 의해서 급진적으로 확산되는 현상이다. 따라서 초기의 작은 계기가 한번 바람을 타기 시작하면 걷잡을 수 없이 번져 온 사회를 휩쓸게 된다. 결국 유행은 억지로 만들어지는 것이 아니라 일정한 조건이 갖추어졌을 때에는 아주 작은 계기에 의해서도 만들어질 수 있는 것이다.

작은 요동이 큰 변화를 일으킨다는 복잡계 원리에서, 우리는 작은 요동이라도 결코 소홀히 해서는 안 된다는 교훈을 얻을 수 있다. 이는 양면적인 의미를 갖는다. 위기 대응이라는 측면과, 변화 유도라는 측면에서 각각 내포하는 의미가 다르다. 전자는 큰 위기를 일으킬 수 있는 작은 요동들에 관심을 가지고 위기가 발생하지 않도록 세심한 주의를 기울여야 함을 뜻한다. 후자는 작은 계기가 커다란 변화를 일으킬 수 있으므로 변화의 씨앗이 될 만한 작은 계기를 찾는 데 주의를 기울이고, 작은 요동들이 잘 발생할 수 있는 시스템을 만드는 것을 뜻한다.

작은 요동, 죽이거나 살리거나 ① 확산을 방지한다

먼저 위기 대응이라는 측면에서 작은 요동이 의미하는 바를 살펴보자. 무엇보다 위기에 빠지지 않기 위해서는 사전에 위기의 씨앗이 될 수 있는 작은 요동이 발생하지 않도록 막는 노력이 필요하다. 또한 이러한 위기의 씨앗이 발생했다 하더라도 양의 피드백이 작동하기 전에 신속히 대응하는 것이 중요하다. 작은 계기가 양의 피드백에 의해 급격히 강화되는 국면에 진입하기 전에 이를 차단해야 한다.

따라서 작은 요동을 하찮은 것으로 치부하고 대응을 소홀히 해서는 안 된다. 당장 큰 영향이 없다고 무시하거나 방치한다면 나중에는 아예 손을 쓸 수 없게 된다. 세계 금융위기만 보더라도 서브프라임 모기지의 부실을 소홀히 생각하고 방치한 것이 잘못이었다. 그것이 가지는 파괴적 잠재력에 주의를 충분히 기울였다면, 금리 인상과 집값 하락으로 대출자들의 연체가 예상되었을 때 채무 조정 등을 통해 이를 적극적으로 막는 노력을 기울였어야 했다. 이처럼 부실 확산의 잠재력을 과소평가하고 안일하게 대응한 것이 전세계적인 재앙의 시작이었다.

이러한 위기의 씨앗이 될 수 있는 요인들을 예측하고 체계적으로 관리하는 대표적인 기업이 마이크로소프트 사이다. 1997년 마이크로소프트는 전문가를 중심으로 전사적 위험평가그룹을 구성하였다. 전사적 위험평가그룹에서는 환율, 시장점유율, 가격경쟁, 산업 스파이 등 144개 위기 요인을 선정하고 상시 감시하는 체계를 구축하였다. 또한 이러한 위기 요인을 매년 업데이트하고 있다. 평상시에는 위기 요인을 시스템을 통해 감시하지만, 무언가 이상 징후가 발견되면 즉각적으로 전문가에게 연결하여 조기에 대응한다.

또 다른 사례로 파나소닉을 들 수 있다. 파나소닉의 경영진은 금융위기로 인한 불황과 세계적 수요 감소로 불안정한 경영환경에 처해 있음을 인지하고, 2009년 경영목표 발표에서 목표 실적을 달성하는 데 영향을 줄 수 있는 요인도 함께 발표하였다. 그리고 이러한 영향 요인을 철저하게 관리하고, 변동폭을 줄여서 최근의 불확실한 경영환경에 대비하겠다고 천명하였다.

파나소닉의 실적에 위협을 주는 요인
- 미국·유럽·중국·기타 아시아 국가의 경제정세, 개인소비, 기업 설비 투자 등
- 다양한 제품 및 지역별 시장에서 전자기기 및 부품에 대한 수요 변화
- 환율 변동(특히 엔/ 달러, 유로, 위안, 아시아의 각국 통화 등)

- 급속한 기술 혁신, 변화하는 소비자 취향 등
- 타 기업과의 제휴 또는 M&A에서 제대로 성과를 올리지 못할 가능성
- 제품과 서비스에 대한 결함으로 발생하는 비용 부담
- 타사 특허 및 지적 재산권을 사용하는 데에 따른 제약(소송 등)
- 국가별 무역 통상 규제 및 노동 생산 체제에 대한 규제
- 당사 보유 유가증권 및 유형자산 등의 평가 및 회계 정책·규제 변화
- 지진 등 자연 재해의 발생

앞서 어떤 특정 사건이 위기로 전이되는 것을 조기에 차단하는 것이 중요하다고 했는데, 사실 특정 사건이 위기의 씨앗이 될지 아니면 그저 그런 평범한 사건으로 끝날지는 쉽게 알 수가 없다. 따라서 전문적 위기대응 팀을 상시적으로 운영할 필요가 있다. 실제 미국 상장기업의 10% 가량이 CRO Chief Risk Officer(최고위기관리자) 제도를 도입하고 있으며, 최근에는 금융업뿐만 아니라 제조업에서도 이를 도입하는 기업이 늘고 있다고 한다. CRO의 경우 평상시에는 잠재적 위기 요인을 발굴하고 위기 발생 확률을 최소화하는 역할을 수행하고, 위기 발생시에는 조기 대처하고, CEO 및 CFO의 수습 노력을 지원하는 역할을 수행한다.

2000년 3월 17일, 노키아와 에릭슨에 동시에 RF칩을 공급하던

필립스의 미국 뉴멕시코 반도체 공장에 화재가 일어난 적이 있었다. 그 사건 당시, 노키아와 에릭슨이 보인 상반된 대응을 살펴보면 CRO제도가 특정 사건이 위기로 번지는 것을 막는 데 얼마나 중요한 역할을 하는지 쉽게 파악할 수 있다.

먼저 필립스의 반도체 공장에 화재가 발생했을 때 노키아의 최고 구매담당자인 타피오 마르키Tapio Markki는 전사적 채널을 통해 CRO와 CEO에게 즉시 보고하였다. 당시 CRO였던 페르티 코르호넨Pertti Korhonen은 사태의 심각성을 인지하고, 재빨리 전세계 공급망을 타진하여 5개 부품 중 3개 부품의 공급처를 확보하였다. 그런데 문제는 나머지 2개 부품이 필립스에서만 생산이 가능한 제품이었다. 화재가 발생한 지 단 3일 만에 CEO였던 요르마 오릴라Jorma Ollila는 필립스와 최고위급 회의를 개최하였다. 노키아는 필립스에 기술을 제공하는 등 최선의 공동대응으로 필립스의 네덜란드 공장 및 중국 공장에서 나머지 부품이 차질 없이 생산되도록 도왔고, 결국 이러한 노력에 힘입어 큰 문제 없이 이 사건을 하나의 해프닝 정도로 넘길 수 있었다.

반면 에릭슨의 대응은 이와 상당히 대조적이었다. 반도체 공장의 화재를 사소한 사건으로 치부하고 전사적으로 대응하지 않은 채, 며칠 기다리면 문제가 자연스럽게 해결될 것으로 판단하였다. 일주일 뒤 반도체 공장의 화재가 심각한 상황임을 파악하고 그때서야 수습 방안을 타진하기 시작하였다. 그러나 그때에는 이미 노키아가 전 세계 부품 공급망을 장악한 상황이었기 때문에 에릭슨의 제품 생산에 크나큰 차질이 발생할 수밖에 없었다.

이 사고의 여파로 에릭슨은 신제품 출시가 1개월 이상 지연되는 등 총 23억 4,000만 달러라는 천문학적인 액수의 피해를 입었고, 쇠퇴 루프에 빠져 결국 도산의 길로 접어들었다. 반면 필립스는 화재로 인한 공장의 피해를 화재보험으로 처리하여 경미한 손실만 입었으며, 노키아는 에릭슨이 허둥지둥하는 틈을 타고 지속 성장을 이룩해서 시장점유율이 27%에서 30%로 뛰어올랐다.

이처럼 위기의 잠재적인 씨앗을 어떻게 구별해 내느냐가 중요하다. 이를 위해서는 변화의 영향 경로를 세밀하게, 그리고 끝까지 따져봐야 한다. 증폭형 상호작용이 일어날 수 있는 악순환 고리가 어디에 형성되어 있는지, 그리고 어떤 충격이 이 악순환 고리에 영향을 줄 수 있는지 면밀히 따져봐야 한다.

경제위기를 피하기 위해서는 경제 시스템 내에 존재하는 잠재적인 악순환의 고리를 파악하는 것이 우선이다. 그리고 이 악순환 고리에 영향을 미칠 수 있는 요인과 경로를 사전에 파악해 두어야 한다.

기업의 경우도 마찬가지다. 기업의 내부와 외부에서 그 기업을 쇠퇴와 몰락으로 몰아갈 잠재적 악순환 고리가 어디에 잠재되어 있는지, 그리고 그것에 영향을 미치는 요인들은 무엇인지 미리 점검해 두는 노력이 필요하다.

또한 현재 시스템이 불안정한 상태인지 아닌지도 따져봐야 한다. 불안정 상태냐 아니냐는 어떤 충격이나 변화에 대해 복원력이 있느냐 없느냐, 회복하려는 힘이 작동하고 있느냐 아니냐에 달려 있다. 예를 들어 불황기에는 기업에 대한 신뢰가 크게 떨어져 있는 상태이므로 작은 루머가 사람들에게 회자될 때 사람들이 이에 과도하게 반응할 가능성이 높다. 평소 같으면 그냥 덮어버리거나 해명을 통해 해소될 만한 내용도 신뢰가 저하된 상태에서는 새로운 의혹을 불러일으키면서 증폭되는 경우가 태반이다.

따라서 불안정한 상태일수록 작은 요동이 발생할 수 있는 여지를 사전에 철저하게 차단하고, 어쩔 수 없이 그것이 발생했을 경우에 적극적으로 해소하기 위한 노력을 기울여야 한다. 결국 불황기일수록 대내외적으로 커뮤니케이션에 힘을 기울여야 한다. 이를 통해 사소한 부정적인 루머가 발생하여 확산되는 것을 사전에 적극 차단하는 것이 바람직하다.

작은 요동, 죽이거나 살리거나 ② 시스템적 창출 및 확산

변화와 혁신의 유도라는 측면에서 작은 요동이 갖는 의미를 살펴보자. 이때 작은 요동을 소홀히 하지 말라는 교훈은 긍정적인 변화를 유도하기 위해서는 작은 계기들을 보호하고 그것이 성장할 수 있도록 잘 유도해야 한다는 의미를 갖는다.

큰 변화를 일으키기 위해 반드시 큰 노력이 투입될 필요는 없다. 조건만 제대로 갖추고 있다면 작은 계기도 큰 변화를 일으킬 수 있다. 이처럼 아주 작은 계기를 통해 조직의 긍정적 변화를 가져오기 위해서는 끊임없는 요동이 창출될 수 있는 시스템을 구축하는 게 무엇보다 중요하다.

이러한 시스템을 구축하기 위한 첫 번째 조건은 조직 구성원간의 다양성diversity을 유지하는 것이다. 구성원이 획일적일 경우 모두 똑같은 방식으로 생각하고, 비슷한 아이디어를 제안할 것이며, 지적 충돌 역시 발생하지 않을 것이다. 물론 조직 구성원들의 성향이 지나치게 극단적으로 자기만의 세계에 빠져 있는 상태라면 그 또한 문제가 될 것이다. 그렇지만 일단 조직 구성원이 다양한 사고와 성향을 지니고 있다면 시너지를 일으키고 창조성의 원천이 될 수 있다.

이처럼 다양성에 바탕을 두고 왕성한 커뮤니케이션과 상호 협력이 유발되는 메커니즘이 작동했을 때 조직 내 변화와 혁신의 씨앗이 만들어질 수 있다. 또한 조직 구성원의 다양성은 불확실한 경영환경에 대응하기 위한 중요한 원천이 된다. 구성원들의 다양한 배경만큼 여러 가지의 문제해결 방식을 도출할 수 있기 때문이다.

최근의 연구 결과들을 보면 조직 구성원의 다양성을 유지하기 위해서 여성의 중요성이 높아지고 있다. 기존의 남성 위주의 조직 문화에서는 여성이 큰 역할을 하지 못했던 것이 사실이다. 하지만 이것은 여성의 능력이 문제가 아니라, 여성 고위 경영진이 적은 상황에서 기업이 이들의 잠재력을 제대로 인식하지 못했기 때문이라는 지적이 나오고 있다. 미국 양판점 업계의 선두주자인 베스트바이Best Buy는 여성 임원에서 근로자까지 모두 참여하는 지역별 모임을 활성화시켰다. 여성 근로자들은 고위직의 여성 임원들을 직접 대면하고 자신의 승진 기회와 진로에 대한 조언을 적극적으로 들으면서 의욕을 고취시킬 수 있었다. 또한 베스트바이는 여성들을 중심으로 혁신 팀을 구성하고 자신의 능력과 역량을 발휘할 발판을 마련해 주었다. 이를 통해 시장에서의 입소문에 강하고 소비자의 밑바닥 심리에 민감한 여성 인력들이 아이디어를 창출하고 혁신 활동에 참여하는 비율이 크게 향상되었다. 혁신 활동을 하던 여성들은 직접 현장으로 뛰어들어 여성 소비자들의 마음을 사로잡는 제품을 개발하는 것은 물론 매장 인테리어와 제품 배열에도 참여하였다. 서킷시티와 같은 업계 2위의 대형 업체들도 문을 닫는 불황 속에 베스트바이가 꿋꿋이 버티고 있는 것은 여성의 최종소비자로서의 역할에 주목하고 여성 조직원들을 혁신 활동에 직접 참여시킨 결과라고 볼 수 있다.

또 다른 측면에서 다양성을 유지하기 위해서는 소수자minority에 대한 존중이 필요하다. 이는 어쩌면 다양한 인종이 섞여 있는 미국의 상황이라고 볼 수도 있지만, 급격히 진행되고 있는 글로벌화의 측면에서 살펴본다면 한국의 기업들도 반드시 귀기울여야 할 사안이다.

소수자를 존중하는 대표적인 사례가 펩시이다. 최근 펩시는 음료시장에서 코카콜라의 아성을 무너뜨리고 세계 최정상의 자리에 등극하였다. 그 변화를 진두지휘한 사람이 CEO인 인드라 누이 Indra Krishnamurthy Nooyi 이다.

인드라 누이는 전형적인 인도 여성이다. 인드라 누이가 펩시에 들어오기 전까지 펩시에는 CEO급 여성이 전혀 없었으며, 다문화에 익숙한 글로벌 인재도 없었다. 인드라 누이가 CEO로 부임한 후 펩시는 인종의 전시장이 되었다. 펩시는 단순히 다양한 성별과 인종의 인력을 확보한다는 차원을 넘어서, 근본적으로 각 문화의 전통을 존중하고 이를 전사적으로 공유하는 기업문화의 다양성을 추구하였다. 그 결과 사내이사 및 종업원 중 여성과 소수민족의 비율이 30% 이상으로 높아졌으며, 이를 지표로서 관리하고 연차보고서에 공개하였다.

심지어 인드라 누이는 직원 강연회에 인도 전통복장 사리를 입고 등장하고, 회사 행사에서 전자기타를 치는 등 다양한 문화 수용에 솔선수범하고 있다. 이러한 노력을 통해 다른 문화권 고객의 니즈를 효과적으로 반영하고 글로벌화의 기틀을 마련할 수 있었다. 2007년 중국 시장 공략을 위해 펩시의 상징색인 파란색을 포기하고, 빨간색 펩시 캔을 과감하게 도입한 것도 다른 문화를 존중하는 정책에서 비롯되었다고 볼 수 있다.

웰빙 음료회사로의 대변신이 펩시의 1차적 탈피였다고 한다면,

여성 CEO를 중심으로 다문화적 배경을 가진 소수자들을 중심으로 한 세계시장 개척의 2차적 대변신을 이룩하면서, 펩시는 현재 세계 음료 시장의 최강자 자리를 견고하게 유지하고 있다.

시스템 구축을 위한 두 번째 조건은, 조직은 일정 부분 잉여slack를 가지고 있어야 한다는 점이다. 과거에는 조직의 잉여는 군더더기이며 비효율의 상징으로, 조직의 암적인 존재로 취급되었다. 흔히 인사관리에서도 조직에서 남아도는 인력이나 조직에 도움이 될 것 같지 않은 프로젝트 등 잉여 자원을 없애고 조직을 효율화시키는 것이 지상 과제였다. 그런데 최근의 다양한 연구 결과들이 조직의 잉여자원에 대한 색다른 시각을 제시하고 있다. 바로 잉여가 새로운 혁신의 원천이라는 것이다. 기계처럼 딱딱 들어맞고, 효율적으로 돌아가는 시스템하에서는 조직원들이 오히려 새로운 생각을 하기 힘들다. 또한 조직의 잉여는 불확실한 상황에서 새로운 것을 시도할 수 있는 계기를 마련해 준다. 즉, 조직에 적당한 수준의 잉여가 존재할 때 끊임없이 요동이 창출될 수 있다는 것이다.

3M은 스카치테이프, 포스트잇, 공기정화 필터, 광케이블 등 5만여 종의 다양한 제품을 생산하는 기업이다. 이렇게 수많은 제품을 생산하고 있음에도 불구하고 대기업들이 종종 보이곤 하는 폐해에 빠지지 않고 오랫동안 성공적인 혁신을 이룩하며 높은 수익을 창출한 데에는 '15% 룰'이라는 독특한 제도가 상당한 역할을 했다. 임직원들에게 일과 시간의 15%까지를 자신의 업무에서 탈피

하여 자신만의 창의적인 아이디어를 발전시키는 데 쓰도록 허용하면서 작은 변화가 다양하고 활발하게 일어나도록 장려하였다. 또한 좋은 아이디어가 있으면 직급에 관계 없이 이를 발전시켜 사업화할 수 있도록, 스스로 리더가 되어 자발적으로 재무·마케팅·기술·제조·중앙연구소 등 각 부분의 사내 멤버들을 모아 새로운 팀을 꾸릴 수 있게 하였다. 이처럼 상향식으로 만들어진 새로운 사업 부문들이 성장하여 500만 달러의 매출을 달성하면 독립적인 제품부가 되고, 매출이 2,000만 달러가 되면 사업부가 되고, 5,000만 달러가 넘으면 분할의 대상이 된다.

그런데 새로운 아이디어를 개발하는 일에는 언제나 실패가 뒤따르는 법이다. 그래서 3M에서는 아예 실패를 허용하는 시스템도 존재한다. 예를 들어 프로젝트가 실패해도 예전 업무에서의 지위를 보장받으며, 실패했더라도 프로젝트를 단념하지 않는 사람에게는 예산 중 30% 정도의 자금이 지급되며, 소수 인원으로 프로젝트를 계속 진행할 수 있도록 패자부활의 길도 열려 있다.

구글은 3M의 '15% 룰'을 벤치마킹하여 '20% 룰'을 운영하고 있다. 구글은 소프트웨어 엔지니어의 경우 1주일에 하루를 현재 수행하고 있는 프로젝트와는 관련이 없는 미래를 위한 프로젝트에 투입하도록 규정하고 있다. 단 이러한 미래를 위한 프로젝트는 철저하게 공개적으로 진행해야 한다. 다른 사람들로부터 호응을 얻는다면 공식 프로젝트로 성장할 수 있고, 설령 그렇지 않다고 해서 패널티는 없다. 이러한 20% 룰을 통해서 Google News, Google Suggest, Adsense for Content, Orkut, Internal Prediction Market 등 다양한 서비스가 만들어질 수 있었다고 한다.

시스템 구축을 위한 세 번째 조건은 자발적으로 아이디어를 제안할 수 있는 분위기를 조성하는 것이다. 훌륭한 아이디어는 억지로 짜내서 되는 것이 아니라 일상적 업무 중에 우연히 생각나는 것이다. 그렇기 때문에 아무리 사소한 것이라도 쉽게 제안할 수 있는 열린 기업문화를 조성하는 일이 중요하다. 이러한 열린 기업문화는 의도적 혼돈을 창조하는 데 있어 매우 중요한 씨앗이 된다.

일본의 미라이 공업은 이러한 자율적이고 열린 제안 문화를 통해 차별화를 이룩한 좋은 사례이다. 미라이 공업은 비정규직이 없는 회사, 짠돌이 경영, 연필 굴려서 승진자 선택하기, 잔업이 없는 회사, 1년에 143일을 쉬는 회사, 정년퇴임이 70세인 회사 등 수많은 독특한 기업문화를 가지고 있다. 이러한 기업문화의 바탕에는 자발적인 아이디어 제안제도가 자리 잡고 있다. 미라이 공업 경영진은 직원들이 제안한 아이디어에 대해서는 무조건 500엔을 지급하였다. 심지어는 제안 내용이 빈 봉투였다고 하더라도 돈을 지급했다고 한다. 일단 적어내는 것이 중요한데, 그 동기부여의 비용이 바로 500엔이라는 것이다. 이를 위해 회사 곳곳에 "언제나 생각하라"라는 회사 신조가 붙어 있으며, 별도의 제안 박스를 공장 곳곳에 두었다. 일상적으로 일하다가도 뭔가 생각이 나면 바로 적어서 제안 박스에 넣으라는 의도에서다.

총 사원 수가 763명인 미라이 공업에서 직원들이 제안한 아이디어의 수가 연간 1만 건이 훌쩍 넘는다고 한다. 공정 개선에서 제품 기획에 이르기까지 회사의 혁신에 관한 아이디어는 미라이 공업만의 차별화된 경쟁력으로 승화되었다. 예를 들어 현재 양산중인 1만 8,000종의 건설용 전기 기자재, 상하수도관, 일본 시장의 80%를 석권하고 있는 전기 콘덴서 박스 등이 모두 직원들의 아이디어에서 나온 것이다.

시스템 구축을 위한 네 번째 조건은 소수 의견을 무시하지 않는 조직문화의 조성이다. 조직에서 새로운 작은 시도들이 억압되거나 무시받지 않도록 하는 노력이 필요하다. 조직의 시스템을 바꾸는 것도 중요하지만 궁극적으로는 사람들의 마음 상태를 바꾸는 것이 더 중요하다. 그럼으로써 행동의 폭을 스스로 제약하는 족쇄를 풀어야 한다. 앞에서 언급한 도요타 프리우스를 설계할 때의 허황된 목표,《USA 투데이》의 돌격대, 펩시의 CEO 인드라 누이의 기행, 미라이 공업의 아이디어 제안제도 등도 좋은 사례라고 할 수 있다. 이러한 환경에서 사람들은 작은 아이디어들에도 관심을 가지게 되고 다양한 시도들이 나오게 되는 것이다.

또한 이러한 아이디어가 큰 전략으로 발전하고 궁극적으로 조직의 전면적인 혁신으로 이어지기까지는 그것을 보호하고 임계점을 넘어설 때까지 기다려 주는 노력도 필요하다.

작은 변화가 큰 변화를 일으키기 위해서는 티핑 포인트를 넘기는 것이 중요한데, 그때까지의 시간은 생각보다 지루하고 오래 걸릴 수 있다. 그러나 일단 임계점을 넘어 양의 피드백 루프가 작동하기 시작하면 새로운 변화는 순식간에 일어난다. 눈덩이가 자체의 무게에 의해 스스로 굴러가면서 점점 커지듯이, 변화는 자체의 증폭 메커니즘에 의해 점점 커지게 된다. 신제품의 판매도 처음 입소문을 타기가 어렵지 한번 타기 시작하면 급속하게 확산되게 마련이다.

조직의 활성화, 새로운 가치와 문화가 정착하도록 유도하는 측면에서도 마찬가지이다. 일단 하나의 작은 성공 스토리가 만들어지면 그것을 통해 사람들 사이에 강력한 변화의 바람이 부는 것이다. 바로 이런 작은 성공 스토리가 커다란 혁신으로 이어지기 위해서는 기다림의 미학과 끈기를 가지고 이를 지속적으로 추진하는 노력이 중요하다.

갈수록 중요해지는 작은 요동

지금 우리가 살고 있는 세계는 그 어느 때보다 상호작용이 긴밀해지고 시스템의 불안정성이 높아지고 있다. 그만큼 작은 요동이 큰 변동으로 번질 가능성도 커진 상황이다. 이를 기업의 입장에서 보면 작은 변화가 큰 위기로 퍼져 나갈 가능성이 높아졌다고 할 수 있다. 즉 위기가 더 이상 남의 이야기가 아니라는 것이다. 언제든 누구에게든 갑작스레 찾아올 수 있게 되었다.

또 다른 측면에서는 작은 계기를 통해 소비자의 폭발적인 반응과 조직 내부의 변화가 일어나는 경우도 빈번해지고 있다. 대단한 노력이나 투자를 해야만 이러한 큰 변화가 일어나는 것이 아니다. 사소한 계기에 의해 유행이 번지거나 열정이 넘쳐나는 조직으로 성장할 수 있게 된 것이다.

위협 요인이 어디에 있는지 알고 있다고 생각하는가? 어려움이 닥치더라도 효과적으로 대응할 수 있다고 생각하는가? 답은 '아니다'이다. 오늘날 경영자들은 한시도 마음을 놓을 수 없다. 언제고 예상치 못한 작은 일이 큰 위기를 일으킬 수 있기 때문이다. 변화가 어렵다고 생각하는가? 커다란 변화를 이루기 위해서는 많은 노력과 자원을 투입해야 한다고 생각하는가? 역시 답은 '아니다'이다. 의도적으로 변화를 일으키려고 하면 많은 노력과 투입이 뒤따르게 된다. 그러고도 실패할 확률이 높다. 그러나 사람들의 심리를 잘 읽고 그에 부합하는 작은 계기를 만들어 낸다면 어렵지 않게 커다란 변화를 만들 수 있다.

그런 만큼 이제 작은 것들을 소홀히 하지 않고 그 속에서 위기의 싹, 변화의 싹을 찾아내는 혜안이 절실하다.

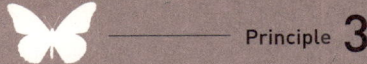

Principle 3

네트워크를 촉매로 활용하라

자기조직화의 촉매, 네트워크

우리는 앞서 자기조직화가 일어나는 과정에서 의도적 혼돈과 작은 요동의 중요성에 대해 이야기했다. 달리 비유하면 이들은 각기 변화가 일어나기 위한 기반과 기폭제 역할을 하는 불씨 같은 역할이다. 그러나 이것만으로는 자기조직화를 통한 변화가 순탄하게 이루어진다는 보장이 없다. 이 두 가지에 주의를 기울이고도 변화에 실패했다면, 그것은 십중팔구 변화의 주체들로 이루어진 네트워크의 속성을 간과했기 때문이다. 흔히 자기조직화를 설명하는 교과서적인 사례에서는 이 부분을 지나치고 넘어가는 경우가 많다.

먼저 자기조직화의 대표적인 사례인 파도타기 응원을 살펴보자. 파도타기 응원이 만들어지려면 이른바 빅 매치, 즉 국가 대항 A매치 축구경기라든가 중요한 클럽 대항전 결승이어야 한다. 빽빽하게 들어찬 관중 모두가 경기의 중요성을 알고 있고 잔뜩 흥분해 있는 상태로, 이는 이미 혼돈의 가장자리에 들어선 상황이다. 여기서 잘 조직된 일부 응원단이 한꺼번에 만세를 부르며 일어나면 작은 요동이 만들어지는 것이다. 그리고 연이어 옆 스탠드에 앉아 있던 관중들이 따라 일어서게 되고, 응원의 파도는 관중석을 휘감아돌게 된다.

이 사례를 자세히 살펴보면 혼돈의 가장자리와 작은 요동 이외에도 다른 특징적인 조건이 충족되어 있음을 알 수 있다. 우선 경기장 관중석은 탁 트인 공간이라 멀리서 생긴 작은 파도의 시작도 쉽게 관찰할 수 있다. 일부 관중들의 열렬한 분위기를 직접 느낄 수 있고, 내 주변을 향해 거대한 응원의 물결이 다가오고 있다는 사실도 금세 눈치 챌 수 있다. 또한 이에 호응하여 자신도 만세를 부르며 일어나는 수고를 함으로써 동질의식이 고조되고 기쁨을 느끼게 된다.

이를 정리하면, 자기조직화가 일어나기 위해서는 첫째 시스템의 일부에서 만들어지기 시작한 새로운 질서를 다른 구성 주체들이 인지할 수 있어야 한다. 둘째 만들어진 새로운 질서에 자연스럽게 동참할 수 있는, 즉 양의 피드백을 촉진시킬 유인이 필요하다.

그러나 기업 조직은 이런 경기장 관중석, 예술 공연장과는 다르다. 우선 새롭게 만들어지는 질서의 정체가 모호한 경우가 많다. 경영진이 새로운 사업모델, 새로운 조직문화를 역설해도 전 조직원들이 경영진과 같은 시각을 갖고 있으리라 기대하는 것은 무리이다. 게다가 이러한 질서는 흔히 조직의 위계나 인간관계, 즉 다양하게 뻗어 있는 네트워크의 링크를 통해 인지하게 된다. 네트워크를 따라 순차적으로 정보가 전달되다 보면 예기치 않은 왜곡이 발생하는 경우도 많다. 그리고 조직원들이 이러한 질서에 동참하여 얻게 되는 이익을 쉽게 감지하지 못하기도 한다. 이런 경우 새로운 질서의 작은 씨앗은 네트워크 전체로 퍼져나가지 못하고 금세 사그라지고 만다.

  그렇다면 자기조직화를 이용한 변화를 제대로 이루어내기 위해서는 네트워크의 어떤 부분을 살피고 이를 어떻게 활용해야 하는가? 우선 크게 변화를 유발시킬 대상, 즉 해당 네트워크가 기업 조직의 일부인 내부 네트워크인지, 아니면 기업 조직이 하나의 구성원으로 참여하는 외부 네트워크인지를 판별해야 한다. 내부 네트워크에서 양의 피드백을 촉진시킬 방법으로는 기능횡단 팀의 양성, 비공식 네트워크의 활용 등이 있다. 그리고 외부 네트워크의 경우 플랫폼, 느슨한 외부 네트워크의 구축 등이 필요하다.

조직 내 네트워크 활성화 방안 ① 기능횡단 팀을 양성한다

기업이 하나의 조직을 구성하는 순간 기업은 계층구조를 형성한다. 이러한 계층구조는 그 속성상 수직적일 가능성이 높다. 이러한 수직적 조직의 단점을 극복하기 위해 횡적인 기능을 강화한 조직이 바로 기능횡단 팀Cross Functional Team 즉 CFT이다. CFT 팀은 수직적 경영방식을 타파하고, 다양한 기능을 가진 부서의 의견들이 통합되어 아이디어를 창출하도록 한다.

이러한 CFT 팀은 비단 복잡한 문제를 해결하는 역할만을 수행하는 것이 아니라, 조직 내 정보 흐름을 위한 촉매 역할을 수행하기도 한다. 즉 다양한 부서에서 생산되는 정보들이 원활하게 유통되도록 하는 것이다. 또한 CFT 팀의 경우 여러 부서에서 선택된 사람들이 한시적으로 모여 특정 과업을 수행하고, 팀 해산 이후에도 커뮤니케이션을 지속함으로써 조직 내 다양한 의견들의 확산 및 융합에도 도움이 된다. 이처럼 CFT 팀은 조직에서 만들어진 다양한 시도들을 다른 구성주체들이 인지할 수 있도록 돕고, 자연스럽게 동참하고 의견을 개진할 수 있도록 돕는다. 즉 환경의 복잡성이 높아지고 있는 상황에서 부서간의 장벽을 넘어서 다양한 의견들을 통합할 수 있는 창구가 되는 셈이다.

1990년대 닛산Nissan은 세계적인 자동차 공급 과잉 현상으로 악화일로를 걷고 있었다. 그 가운데 혜성처럼 등장한 사람이 카를로스 곤 사장이었다. 그는 닛산을 위기에서 탈출시켰는데, 그 탈출구를 바로 CFT 팀에서 찾았다. 닛산은 수직적 위계조직의 폐해를 없애고 수평적으로 인재를 모아 특정 주제에 대한 해결책을 논의하는 CFT 팀을 활발하게 운영하였다. 이렇게 CFT 팀에 의해서 도출된 해결안은 바로 CEO에게 보고되었다. 1999년 구매, 연구개발 등 각 분야에서 9개 팀이 구성되었고, 계속해서 CFT 운동을 확산하여 전사적 과제를 논의하는 14개 팀과 세부적인 문제를 협의하는 미니 CFT가 1,600개나 생겨 무려 1만 명이 CFT 운동에 동참해 왔다. 이러한 CFT 운동 덕분에 닛산은 V자형 커브를 그리는 성장세를 기록하고 세계 최고의 수익성을 거둘 수 있었다.

조직 내 네트워크 활성화 방안 ② 비공식 네트워크를 활용한다

기업 조직 내부에는 다양한 의사소통 경로가 존재한다. 이들은 크게 업무에 직접적으로 관계된 의사소통이 이루어지는 이른바 공식formal 경로와, 비공식informal 경로로 나눌 수 있다. 예를 들어 부서장과 부서원 사이에 명령과 보고가 이루어지는 관계, 업무 관련 회의에 함께 배석하여 의견을 주고받는 관계가 모두 공식 경로에 해당한다. 이와 달리 사내 동호회나 친목회 같은 것이 비공식 경로에 해당된다. 이때 조직 구성원을 노드node, 의사소통 경로를 링크link로 본다면 이들은 각각 공식 의사소통 네트워크와 비공식 의사소통 네트워크를 형성하게 된다.

기존에도 의사소통 네트워크의 중요성은 강조되어 왔다. 하지만 대부분 그 초점은 공식 네트워크에 맞춰져 있었다. 이 네트워크가 그 최고 정점에 있는 CEO에서 말단 직원에 이르기까지 수직적으로 짧은 경로로 이어져 있으면 왜곡도 적고 정보가 효과적으로 전달될 가능성이 높아진다. 까마득한 위계로 쌓인 계단식 조직에서 탈피하여, 보다 위계가 줄어들고 압축된 조직이 유행하는 것이 이런 흐름의 결과이다.

뿐만 아니라 수직적인 줄서기가 만연하고 부서 이기주의가 팽배해지는 것을 막기 위해 수평적인 의사소통도 강조되고 있다. 서로 다른 부서장들끼리 적극적으로 업무를 조율하는 것을 활성화하려는 노력이 이에 해당한다.

반면 비공식 의사소통 네트워크는 이제까지 흔히 백안시되어 왔다. 이는 우선 업무 이외의 연고로 뭉친 사조직의 폐해에 대한 우려 때문일 것이다. 사조직을 중심으로 얽힌 연줄을 통해서는 부정확한 음해성 정보도 많이 돌고, 조직원들 사이의 밀고 끌어주기가 만연해 왔다. 이들이 현실의 의사결정이나 인사를 좌지우지하는 것은 당연히 경계해야 할 문제이다. 또한 대개의 이런 비공식 의사소통 네트워크는 업무에 필요한 시간을 잡아먹는 낭비적 요소라는 시각도 팽배해 있다. 그러다 보니 경영진은 구성원간의 친목을 도모하는 동호회 활동을 장려하면서도 행여 업무에 지장을 주지 않을까 의심하는 경향이 있다.

그러나 최근에는 이러한 비공식 네트워크의 잠재력이 주목받고 있다. 인간의 행동 변화, 특히 자발적인 변화를 유발하기 위해서는 물질적 보상 이외에 정신적, 감정적인 부분의 만족까지 충족시켜 줘야 효과적이다. 대개의 비공식 의사소통 네트워크는 자기만족을 위해 자발적으로 형성되기 때문에, 사람들은 여기서 교환되는 정보를 더욱 신뢰하고 추종하려는 경향이 있다. 이를 업무활동에 잘만 연계시켜 활용한다면 예기치 않은 커다란 성과를 얻을 수도 있다.

또한 비공식 의사소통 네트워크는 기업의 다양한 계층 및 부서를 뛰어넘어 소통할 수 있는 하나의 지름길Shortcut을 제공해 준다. 이는 정보 흐름의 신속성과 확산에 크게 기여한다.

예를 들어 선마이크로시스템스의 CEO 조나단 슈워르츠는 블로그를 활발하게 운영하고 있다. 구글에서 조나단 슈워르츠를 쳐보면 회사나 그의 이력이 먼저 나오는 대신 그의 블로그가 첫 화면에 뜨는 것을 확인할 수 있다. 그는 CEO로서 블로그를 하는 것이 아니라 블로거로서 블로그를 하고 있다. 총 10개 국어로 블로그를 운영하고 있으며 한국어 블로그도 있다. 그는 블로그를 통해서 직원들, 고객들과 소통한다. 선의 경우 CEO뿐만 아니라 직원들도 상당수가 블로거이며, 회사 차원에서도 블로그를 장려한다. 선은 블로그라는 비공식 커뮤니케이션 채널을 통해 활발한 의사소통을 이루어내고 건전한 수평적 관계가 형성되고 있는 것이다.

조직 외 네트워크 활성화 방안 ① 플랫폼 전략을 추구한다

다음으로 변화시킬 대상이 해당 기업조직 외부에 있는 경우를 살펴보자. 경쟁 환경이 단순하고 기업 단위의 시장 지배력이 아주 강하다면 외부까지 신경 쓸 필요가 없을 수도 있다. 하지만 점차 경쟁 환경은 변화무쌍해지고, 하나의 기업이 모든 제품과 서비스를 생산하여 지배할 수 있는 시대는 지났다. 기업 대 기업의 경쟁이 아닌, 보다 큰 기업군 단위의 경쟁구도가 되어가고 있다.

글로벌 경쟁이 일반화되고 기술 발전이 빠른 오늘날에는 얼마나 많은 듬직한 우군 기업을 확보하고 소비자 니즈에 부합하는 신제품과 서비스를 재빨리 창출해 내느냐에 따라 기업의 생존이 좌우될 수 있다. 이때 유용한 시각이 '기업생태계business ecosystem'의 관점이다.

생태계 관점은 시스템을 배타적 경쟁보다는 상호의존적 공존과 번영에 중심을 두고 바라본다. 생태계에서는 여러 생물 종이 먹이그물food web과 같은 복잡한 네트워크로 상호 의존적인 관계를 맺고 있다. 기업생태계 또한 공급그물supply web로 엮여 있으며, 여러 가지 전략적 제휴와 협력이 이뤄진다. 이러한 생태계의 관점에서는 특정 종이나 기업 하나가 단순히 우월하다고 해서 성장이 담보되지 않는다. 기업이 성장하기 위해서는 완제품이나 서비스를 내다 팔 시장은 물론 연관된 산업의 다른 기업들도 골고루 성장해야 한다.

이를 간과할 때 기업은 자신의 시장 지위를 약탈적으로 활용하기 쉽다. '갑'의 입장에서 하청업체의 납품단가를 쥐어짜고 자신의 수익 향상에만 골몰하는 것이다. 이것은 단기적으로는 이익일 수 있으나, 하청업체의 수익률이 그만큼 낮아지면서 자체 연구개발과 혁신 활동을 위한 재원을 확보하기 어렵게 된다. 이럴 경우 하청업체는 철저히 생산 하부요소로 전락하고 자생력을 상실하고 만다. 결국 주변 기업생태계의 성장은 억제되고 궁극적으로는 해당 기업의 성장과 존속마저 위협받는다.

최근 가장 이슈가 되고 있는 이동통신 시장이 이런 현상을 극명히 보여준다. 휴대전화가 음성통신을 위주로 하는 기기에 머물고 있던 상황에서는 보다 우수한 성능, 멋진 디자인과 인터페이스를 선보이는 하드웨어 생산업체가 중심이 된다. 그러나 휴대전화가 점차 융복합화 조류와 함께 종합 모바일 기기로 진화하면서 변화가 일어나고 있다. 휴대전화가 인터넷에 연결, 다양한 서비스를 즐기는 소형 단말기가 되면서 보다 다양한 니즈에 맞는 소프트웨어가 구비되어 있느냐가 핵심 경쟁력으로 떠올랐다. 이는 하드웨어 생산업체가 모두 충족시키기 어려운 부분이다. 이를 위해서는 소프트웨어를 개발하기 편한 운영체제, 미들웨어를 공급하는 업체와, 다양한 일반 소비자용 소프트웨어를 공급하는 소규모 개발자들 사이에 긴밀한 네트워크가 만들어져야 한다. 이 네트워크, 다시 말해 기업생태계에서 자기조직화를 통해 다양한 변화를 창조해 내야만 다른 기업생태계와의 경쟁에서 승리하고 함께 이익을 영위할 수 있다. 그런 면에서 아이팟iPod, 아이폰iPhone과 앱스토어AppStore를 중심으로 거대한 모바일 기업생태계를 발전시키고 있는 애플이 최근 가장 주목받고 있는 것이다.

  이러한 때일수록 기업은 기업생태계의 '쐐기돌keystone'이 되도록 적극적으로 힘써야 한다. 쐐기돌은 원래 건축용어이다. 거대한 반구형 돔dome을 지을 때는 밑에 틀을 받쳐놓고 둥글게 벽체를 채워간다. 그리고 마지막 맨 꼭대기에 쐐기 모양의 돌을 박아 넣어 마무리 짓는다. 이 쐐기돌은 전체 돔 구조물을 지탱해 주는 핵심이 된다. 서로 옆면을 마주하고 무게를 기둥을 향해 차례로 분산시키는 구조이기 때문에 맨 꼭대기의 쐐기돌이 받는 압력은 제일 작다. 그렇지만 이 돌이 빠져버리면 구조 전체가 무너져버리게 된다.

  자연생태계에도 이러한 쐐기돌 역할을 하는 생물 종이 존재한다. 겉보기에는 수가 그리 많지 않아 중요성을 간과하기 쉬운 종이지만, 생태계 유지에 핵심적인 역할을 하는 경우다. 이 종이 사라져버리면, 주변의 소小 생태계 전체가 심각한 영향을 받는다.

  비버와 같은 생물은 생태계 엔지니어ecosystem engineer의 역할을 수행한다. 비버는 나무를 베어 호수에 둑을 쌓고 습지를 만들어 천적으로부터 안전한 둥지를 짓는다. 비버의 둑 쌓기는 언뜻 보기에 자신만을 위한 행동일 수도 있으나, 이는 결과적으로 다른 생물들에게도 유리한 습지환경을 조성해 줌으로써 이익을 나눠주게 된다.

그렇다면 기업생태계 네트워크에서 쐐기돌 역할은 어떻게 달성할 수 있는가? 쐐기돌 기업은 우선 기존의 네트워크에 참여하려는 다른 기업들이 보다 쉽게 링크를 맺을 수 있도록 도와줘야 한다. 복잡하면서도 폐쇄적이고 배타적인 네트워크를 유지하면 외부 참여자들이 쉽사리 기업생태계의 일원이 되지 못한다. 이들은 링크를 맺고 새로운 질서 창출에 동참하고 싶어도 그 활로를 찾지 못해 포기할 수도 있다. 이럴 때 쐐기돌 기업들은 변화의 촉매 역할을 하는 유·무형의 지원 수단을 제공함으로써 상황을 극적으로 바꿔놓을 수 있다.

지금은 다소 주춤하지만 과거 비약적이었던 마이크로소프트의 성장이야말로 이런 쐐기돌 역할을 충실히 해낸 결과이다. 마이크로소프트는 2000년대 초반 전성기까지만 해도 관련 산업 기업들의 시가총액 가운데 20~40% 수준을 오르내린 기업이지만, 매출액이나 고용인력은 0.05%에도 미치지 않았다. 마이크로소프트는 PC의 운영체제OS를 판매하는 데 그치지 않고 이 기반에서 개발자들이 쉽게 응용프로그램을 개발할 수 있도록 저렴한 개발도구를 제공했다. 즉 윈도우 기반 플랫폼 제공에 앞장선 것이다. 이를 통해 군소 소프트웨어 회사들은 쉽게 자신만의 독특한 영역, 즉 니치niche를 찾아 윈도우 기반 응용프로그램 시장에 진입했다. 이들이 시장에 대거 진입하면서 소비자들은 편리한 소프트웨어가 많은 윈도우 기반 PC를 더욱 많이 구입하였고, 관련 산업이 덩달아 성장하는 선순환 구조가 생겨났다.

마이크로소프트는 이렇게 확대되는 기업생태계의 이점을 톡톡히 누렸다. 과거 1960년대 컴퓨터의 하드웨어부터 소프트웨어까지 수직적으로 통합해 지배했던 IBM은 한때 관련 산업 시가총액의 80%를 점유했다. 그러나 IBM은 이후 컴퓨터 관련 기업생태계를 확대하면서도 과거와 같은 지배자의 위치만 생각했지 쐐기돌 역할에 주목하지 못했다. 결국 IBM은 시장 대응에 실패하여 성장이 정체되고 쇠락의 길을 걸어야 했다. 마이크로소프트가 IBM처럼 운영체제 시장 지배력을 바탕으로 폐쇄적인 정책에 골몰했다면 PC 시장의 성장도 정체되고 다른 대안 시스템이 더 일찍 부상했을 수도 있다.

이러한 소프트웨어 이외에도 저렴한 공용 생산설비도 같은 역할을 할 수 있다. 대만이 강점을 갖는 각종 마이크로 칩 파운드리 업체들은 설계도면만 갖고 오면 주문자의 요구대로 저렴하게 완제품을 공급할 수 있는 능력을 가지고 있다. 이것 또한 비메모리 반도체업계의 변화를 가속시키고 해당 기업생태계를 성장시키는 중요한 촉매가 된다. 대규모 수요가 존재하는 범용 메모리칩과는 달리, 특정 제품에 필요한 비메모리 칩은 수요도 한정되어 있으므로 대형업체가 맡기 곤란하다. 그러나 소형업체는 고가의 생산설비를 갖추기 힘들기 때문에 일반적인 상황에서는 이러한 비메모리 칩 시장이 풍성해지기 어렵다. 그러나 이런 파운드리 업체의 존재로 인해 설계에만 전념하는 여러 소형업체들이 니치를 찾아 진입할 수 있는 것이다.

그 외에도 이베이와 같은 온라인 오픈마켓도 마찬가지 역할을 한다. 이들은 저렴한 수수료로 다양한 판매자와 소비자가 이용할 수 있는 공간을 제공했다. 결과적으로 전자상거래 시장은 폭발적으로 성장했고, 이베이도 막대한 수익을 누리며 성장해 갈 수 있었다.

이들은 공통적으로 자기조직화의 힘을 활용했다. 쐐기돌 기업들은 네트워크가 성장하고 새로운 질서에 동참하기 쉽도록 플랫폼과 도구를 제공했을 뿐이다. 거기에 다른 기업들은 더 거대한 기회를 엿보면서 자발적으로 참여하였다. 더욱더 많은 기업들이 네트워크에 얽히고 이익을 나눠가진다는 시그널이 발생할수록 참여가 가속화되는 양의 피드백이 작동했던 것이다.

조직 외 네트워크 활성화 방안 ② 느슨한 외부 네트워크를 구축한다
기업 조직이 커지면 커질수록 '사일로 효과 silo effect'가 심해진다. 사일로는 곡물을 담아두는 길쭉한 원통형 탱크를 뜻한다. 일본에서는 사일로 대신에 '문어항아리 蛸壺, たこ-つぼ'라는 표현이 자주 쓰인다. 각 사업부, 부서 단위로 나뉜 하부조직은 각자의 울타리 내에 갇혀서 다른 하부조직들과 소통을 단절하기 일쑤이다. 이렇

게 고립된 하부조직 단위로 자신만의 이익을 추구하여 따로 놀거나 부서간 장벽, 이기주의 등이 강해지는 현상을 바로 사일로 효과라고 한다.

네트워크 관점에서 보면 이러한 개별 하부조직은 하나의 클러스터cluster를 형성하면서 매우 긴밀하게 연결되어 있다. 반면 그 바깥 구성원 및 클러스터와는 링크를 거의 맺고 있지 못하다. 이럴 경우 각 클러스터 외부에서 자기조직화를 유발할 질서의 씨앗이 만들어지더라도 내부 구성원들에게 효과적으로 전달되지 못한다.

실제로 여러 조직에서 벌이는 변화의 시도가 이런 문제를 극복하지 못하고 실패하는 경우가 많다. 이는 1980년대 IBM이 델Dell의 공략에 대처하지 못하고 PC 시장 지배자의 지위를 내준 사례에서도 잘 알 수 있다. IBM은 초기 메인프레임mainframe 시대부터 컴퓨터 업계의 강자였다. 개인용 컴퓨터 시장에서도 폐쇄 플랫폼을 고집한 애플을 밀어내고 금세 지배자로 등극했다. IBM은 PC 플랫폼을 개방하고 다양한 소프트웨어 및 하드웨어 요소를 외부에서 공급받음으로써 시장을 확대시켰다. 그러면서도 특유의 탄탄하고 거대한 사업조직과, 수많은 대리점을 거느린 미국 내 판매망을 통해 시장 주도권을 유지했다. 시장 확대와 비용 절감, 안정적인 판매망 확보 등에 고루 성공한 듯 보였다.

그러나 1980년대 중반부터 델과 같은 조립 통신판매 사업자들이 등장하면서 커다란 변화를 맞게 되었다. 델은 기존 PC 업체들이 일방적으로 구성하여 공급하던 사양 이외에, 특정 성능에 특화된 제품을 갖고 싶다는 소비자들의 욕구를 파고들었다. 전화로 주문을 받아 각 소비자가 요구하는 사양대로 즉시 공급하는 사업모델은 크게 히트했다.

  IBM도 이러한 델의 행보에 주목하고 이를 모방하여 대응하고자 하였다. 하지만 IBM이 기존에 지니고 있던 네트워크가 여기에 걸림돌이 되었다. 무엇보다 델의 위협에 맞설 새로운 질서, 즉 새로운 사업모델에 대한 이해가 약했다. 맞춤조립형 직판체제는 기존의 판매부서와 딜러망에 직접적인 타격을 주게 되고 기존 네트워크 구성원들을 변화에 동참시키기도 어려웠다. 거대한 공룡 IBM은 델의 위협에 적절하게 대응할 수 있는 다양한 자원과 역량을 가지고 있었다. 경영진 일각에서 델에 대항하는 다양한 변화를 시도했음에도 불구하고 IBM 내부 네트워크 곳곳에서 암초에 걸려 끝내 적시에 대응하는 데 실패했다. 그 결과 IBM은 PC 시장의 지배력을 내어주고 고전하다가 끝내 몰락의 길을 걷게 된다.

  결국 환경 변화에 적시에 대응하며 자기조직화를 일으키는 기업조직 시스템을 만들기 위해서는 긴밀한 네트워크를 완화시킬, 그리고 견고한 하부조직의 벽을 넘는 '느슨한' 링크를 많이 만들어야 한다. 이 느슨한 링크는 기업이라는 경계boundary를 칠 필요가 없다. 조직을 넘나들며 다양한 집단과 맺는 느슨한 연결 관계는 새로운 질서를 인지하고 양의 피드백을 통한 자기조직화를 이루어낼 수 있는 기반이 된다.

자기조직화를 위해 네트워크 활용해야
기업은 다양한 네트워크로 연결되어 있다. 기업 내부의 다양한 사람들과 부서간은 물론, 또 기업이라는 경계를 뛰어넘어 다른 기업 및 단체, 외부 전문가 등 다양한 형태의 네트워크를 맺고 있다. 이러한 네트워크는 자기조직화를 위한 양의 피드백을 일으키는 바탕이 된다. 앞으로 조직이 방대해지고, 시장이 글로벌화됨에 따라 이러한 네트워크의 중요성은 더욱더 커질 것이다.

기업의 성공을 위해서는 자기조직화의 힘을 극대화할 수 있는 네트워크를 활용하는 지혜가 필요하다. 조직 내부적으로는 CFT팀을 양성하고 비공식 커뮤니케이션을 장려하며, 조직 외부적으로는 플랫폼을 구축하여 외부의 다양한 정보 및 기술을 끌어들여야 한다. 이를 통해 기업·연구소·대학·정부 등 다양한 이해관계자들과 느슨한 연결관계를 적극적으로 만들어나가는 노력을 기울이도록 한다.

Part
2

끊임없이 적응하고 발전하는 조직의 원리
- 적응 경영 -

EMERGENT CORPORATION

EMERGENT
CORPORATION

적응 경영, 선택이 아닌 필수

적응adaptation은 기업 경영은 물론 다양한 분야에서 매우 빈번하게 쓰이는 용어이다. 여기에는 어떤 개체의 생존은 그 개체의 특성과 능력이 절대적으로 우수한지 여부보다, 그 특성이 주변 환경에 부합하는지에 달려 있다는 관점이 담겨 있다. 어떤 환경에서는 생존에 매우 유리한 특성이, 변화된 다른 환경에서는 오히려 매우 불리하게 작용할 수도 있다.

  이러한 특성은 자연생태계와 기술 변화의 사례에서 쉽게 확인할 수 있다. 지구가 탄생한 이래 수많은 생물 종들이 생겨났다 사라지기를 반복해 왔다. 그런데 이미 사라져버린 수많은 동물들은 단지 열등했기 때문에 멸종했을까? 아직도 시베리아에서 종종 유골이 발견되는 거대 포유류 매머드mammoth가 있다. 매머드가 가지고 있던 거대한 엄니와 두꺼운 털가죽, 육중한 체구, 가족 단위의 사회성은 빙하기에는 살아남는 데 매우 유리한 특성이었다. 그러나 기후가 온화해지고 인간이라는 천적이 세력을 넓히면서 오히려 이런 특성이 불리하게 작용했다. 두터운 털가죽은 따뜻한 날씨에는 거추장스러울 뿐이었고, 둔중한 체구와 집단으로 몰려다니는 사회성으로 인해 인간은 덫을 이용하여 손쉽게 매머드를 사냥할 수 있었다.

반면 인간은 체구도 작고 몸을 보호해 줄 따스한 털가죽도 없었다. 하지만 그렇기에 도구를 사용하고 조직화된 행동으로 약점을 보완할 지적 능력을 단련했고, 변화하는 기후에도 발 빠르게 적응하는 생존방식을 갖출 수 있었다. 즉 기민한 적응력을 키워 왔기에 빙하기를 이겨낸 승자가 된 것이다.

기업의 역사에서 환경에 대한 부적응으로 인한 몰락은 더욱더 극적으로 나타난다. 단적으로 최근 고전을 면치 못하고 있는 일본 가전업계, 그중에서도 소니의 불과 10여 년 전 모습을 보면 이를 명확하게 알 수 있다. 휴대용 음향기기(워크맨)를 필두로 최고의 기술력을 구가해 온 소니는 세계 TV 시장에서 독보적인 강자였다. 평면 브라운관 TV의 대명사 트리니트론Trinitron 브랜드는 최고의 화질로 1990년대까지 오랜 세월 각광을 받아 왔다. 그러나 소니는 과거의 영광에 얽매인 채 브라운관에서 LCD, PDP 등 디지털 디스플레이로 넘어가는 전환기에 이에 대응하는 신제품을 제대로 출시하지 못했다.

소니의 탁월한 기술력과 독창성은 여전히 곳곳에서 번득인다. 하지만 그러한 능력을 결집해 제품화하고 빠른 양산을 통해 시장을 장악하는 능력은 과거에 비해 현저히 떨어졌다. 그 결과 2000년대 후반 소니는 세계 TV 시장에서 과거의 영광이 무색하게 그 위상이 추락했고, 외국인 CEO를 영입하는 모험을 감행했음에도 수익성 악화로 고전을 면치 못하고 있다.

이러한 사례는 경제 환경의 변화에 맞춰 기업도 그에 알맞은 새로운 특성, 즉 새로운 전략과 조직, 문화 등을 갖추며 '적응'해야 함을 시사한다.

그렇다면 기업은 어떻게 효과적으로 그 '적응의 길'을 모색할 수 있는가? 이미 오래전부터 말만 다를 뿐이지 변화와 혁신이라는 이름으로 '적응'의 길을 찾으려는 노력은 계속되어 왔고, 관련된 문헌도 엄청나게 많다. 이번 장에서는 이 '적응'의 문제를 복잡성 과학의 이론을 통해 재조명하고, 이를 기존의 경영학에서 찾아낸 다양한 적응 노하우와 접목시켜 새로운 해답을 모색하고자 한다.

적합도 지형

개체의 적응 과정을 개념화할 수 있는 유용한 관점으로 '적합도 지형fitness landscape'이 있다. '적합도fitness'란 어떤 주어진 환경에서 해당 개체(생물 종, 회사 등)가 살아남을 수 있는 평균적인 가능성을 말한다. 적합도가 높을수록 그 개체는 생존하여 번영할 가능성이 높고, 적합도가 낮을수록 사멸하여 퇴출될 가능성이 높아진다. 이것은 그 개체의 형질, 즉 행동하는 특성이나 조직이 보유한 다양한 역량과 문화에 의해 좌우된다.

　이를 이용해 개체가 가질 수 있는 다양한 형질에 따른 적합도 변화를 그래프로 그린 것이 적합도 지형이다. 〈그림 2-1〉에서 가로 평면의 각 점은 여러 형질에 대응되며, 거리가 가까울수록 두 형질이 비슷함을 의미한다. 이때 각 점에서의 지형 높이가 바로 적합도에 해당한다.

| 그림 2-1　적합도 지형 |

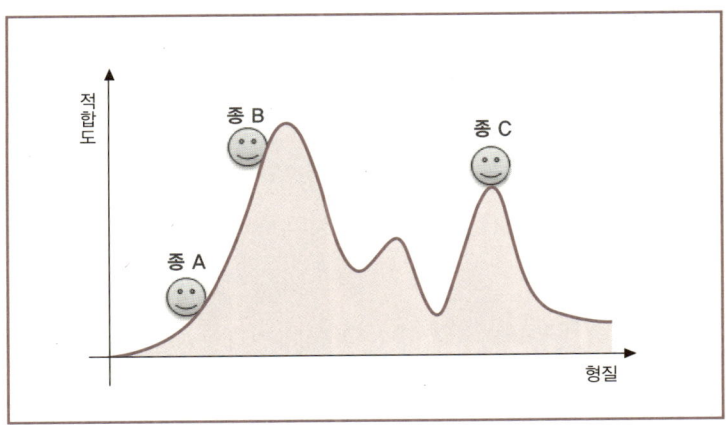

　각 개체는 적합도 지형 위의 한 점을 차지하고 있다. 그 가운데 높은 점에 위치한 개체는 높은 적합도의 형질을 가지고 있다고 해석할 수 있다. 따라서 적응 과정은 이 적합도 지형에서 더 높은 곳으로 올라가도록 자신의 형질을 변화시키는 과정으로 묘사된다. 또한 적합도 지형의 형상은 이 개체가 위치한 환경 상태에 대응된

다. 앞서 같은 형질을 가지고 있더라도 환경이 달라지면 생존의 가능성도 달라진다고 했다. 이것은 적합도 지형의 형상이 달라지면서 한 지점의 높이, 즉 적합도가 변하는 것으로 나타난다.

 자연생태계와 인간 사회에서 오랫동안 생존해 온 존재들은 이러한 적합도 지형의 특성을 충분히 활용하며 진화evolution해 왔다. 수억 년 전부터 끈질긴 생명력을 유지하고 창궐하는 바퀴나, 면역 획득이나 항생제의 개발에도 불구하고 출현을 반복하는 수많은 박테리아 등이 그러하다. 이들은 끊임없이 조금씩 다른 형질을 지닌 세세한 변종을 만들어낸다. 이는 적합도 지형의 현재 위치에서 가까운 주변의 다른 곳으로 이동하는 것에 해당한다. 새로 이동한 위치가 기존보다 좀 더 적합도가 높다면 그 변종은 기존의 종을 대체하여 번성할 것이고, 반대로 위치가 낮아졌다면 그 변종은 결국 소멸할 것이다.

 이 과정이 반복되면서 각 종은 적합도 지형의 더욱 높은 곳으로 조금씩 올라가게 된다. 적응은 이렇게 변종이 만들어지고variation, 새로운 환경 조건에서 선별되어selection, 확대되고 유지되는retention 과정의 반복으로 생각할 수 있다.

 변종을 만들어내는 능력이 떨어지면 그만큼 적합도 지형을 탐색하기 어려워지며 적응도 더뎌지게 마련이다. 그렇다고 변종을 만들어내는 능력이 매우 높다고 해서 무조건 좋은 것도 아니다. 부단히 작은 변종을 만들어가는 방식으로는 적어도 가까운 하나의 봉우리는 확실히 올라갈 수 있다. 하지만 이것만으로는 적합도 지형 전체에서 그만그만한 낮은 봉우리 한 군데에 고착되어 버리는 함정에 빠질 수 있다. 조금만 벗어나면 더 높은 봉우리들이 있음에도 그곳으로 이동할 수가 없는 것이다.

여기서 벗어나기 위해서는 기존과는 매우 다른 변종, 즉 적합도 지형의 먼 거리를 단숨에 뛰어넘는 돌연변이mutation가 만들어져야 한다. 그러나 무작위적인 돌연변이는 적합도 지형의 어느 지점에 떨어질지 모른다. 그만큼 적합도가 높은 지점으로 이동할 것이라는 보장도 없다. 오히려 기존보다 적합도가 높은 형질로 변이될 가능성이 희박한 경우가 일반적이다. 지나친 돌연변이는 생존에 필요한 역량을 분산시키고 적합도 향상 효율을 도리어 떨어뜨리게 된다.

결국 당장은 눈에 뜨일 만큼 큰 적합도의 변화가 없더라도, 지나치게 많지도 적지도 않은 변이를 계속 시도하여 다양한 변종이 공존할 때, 즉 다양성diversity이 풍부해질 때 생존이 한결 유리해진다. 외부 환경이 변화하거나 미지의 존재에게 공격을 받아 적합도 지형에 변화가 생겨날 때 이러한 현상은 두드러진다. 이 경우에는 전에는 부각되지 않던 비슷한 형질 사이에 적합도 차이가 갑자기 벌어지는 일이 비일비재하다. 새로운 환경에 적합한 형질을 미리 확보해 놓고 있던 종과 그렇지 못한 종의 운명이 갑자기 엇갈릴 수가 있는 것이다.

캡슐커피로 공전의 히트를 친 네스프레소Nespresso의 기술은 1970년대 이미 개발된 것이었다. 당시에 네슬레의 이 알루미늄 캡슐 기술은 연구개발 과정에서 얻어진 사소한 변종에 불과했고, 시장 파급력도 그다지 강하지 않았다. 경쟁사들도 편이성과 맛만 따진다면 큰 차이가 없는 1회용 종이 캡슐POD 기술을 이미 지니고 있었다. 그러다가 1990년대 후반 비유럽권까지 에스프레소 커피에 대한 인지도가 높아지고 소비자의 커피 취향이 감각적으로 변하면서 네스프레소는 폭발적인 반응을 끌어낼 수 있었다.

무엇보다 인간 사회와 조직은 일반적인 자연계의 생물과 다른 적응 및 진화의 특징을 가진다는 점을 잊지 말아야 한다. 대부분의 생물은 변종을 만들어내고 새로운 환경에 적응하는 데 있어 수동적이다. 바퀴나 박테리아가 의식적으로 유전자를 변화시켜 형질을 변화시킬 수는 없다. 이런 존재들의 변종은 세포분열 과정의 미세한 요인들에 의해 우연히 생겨나는 것이며, 그런 만큼 변화의 방향성을 제어할 수도 없다.

하지만 이와 달리 고등생물, 특히 인간은 보다 능동적으로 대응하고 학습하면서 변화와 선별, 적응 과정에 개입할 수 있다. 인간 개개인은 선천적으로 특정한 재능을 타고나지만 그로 인해 인생의 성공과 실패가 무조건적으로 결정되는 것은 아니다. 불리한 조건을 안고 태어났어도, 지속적인 사고와 학습으로 자신의 능력을 계발하여 사회 내에서 인정받는 가치를 높이는 방향으로 성장할 수 있다.

  마찬가지로 기업도 신기술·신제품을 개발하고, 업무 프로세스 개선, 기업문화 개선 활동을 통해 스스로의 형질을 변화시켜 나가고 있다. 인간과 기업 모두 스스로 의식적인 변화의 방향을 설정하고 적합도 지형을 탐사해 가는 전략을 만들어나갈 수 있는 존재임을 알 수 있다.

  오늘날 끊임없이 변화하는 환경에 처한 기업은, 한마디로 기복이 심한 불안정한 적합도 지형에 놓인 개체라 할 수 있다. 기업은 이러한 불확실성 속에서 자신의 지향점을 정확하게 설정하고 그에 걸맞은 변화를 시도하며 다양성을 확보해야 한다. 이를 통해 적합도 지형의 고지를 향해 부단히 나아가는 지침을 제시하는 것이 바로 이번 장의 목표이다.

Principle 4

전략의 로드맵을 주시하라

변화는 계속된다

한 기업의 CEO가 갖는 최고 관심사는 과연 무엇일까? 기업의 상황에 따라 여러 가지 대답이 나오겠지만, 그중에서도 하나를 꼽으라면 단연 '지속적인 경쟁우위' 유지일 것이다. 많은 경영자들에게 기업 경영은 그 자체가 치열한 경쟁의 도가니이다. 기업 전략의 관점이건, 마케팅의 관점이건 시장에서 고객을 두고 경쟁자와 벌이는 각축전이 연상되게 마련이다. 모두가 경쟁자보다 우월한 포지션을 차지하고 도전을 뿌리칠 수 있는, 백전백승의 신묘한 전략을 갈구한다. 그러니 마이클 포터 Michael Porter가 경쟁우위를 누리기 위한 경쟁전략의 양대 축으로, 원가우위와 차별화를 설파하는 데에 고개를 끄덕이는 것도 당연하다.

하지만 경쟁우위에 대한 열렬한 관심에 비해 상대적으로 '지속적인' 또는 '지속 가능한sustainable'이라는 용어에 대해서는 큰 관심을 보이지 않는다. 이는 현재의 시간 프레임에서 일어나는 경쟁의 무게가 그만큼 크게 느껴지기 때문이다. 눈앞에 경쟁자가 득실거리는 정글에서 기업의 더 큰 미래를 그려보며 경쟁우위의 지속 가능성을 논하는 것은 결코 쉽지 않을 것이다.

그런데 기업의 역사를 살펴보면 과연 시대를 관통하는 '지속 가능한 경쟁우위가 존재하는가'라는 의문이 생긴다. 미국의 유명 경제 잡지 《포브스Forbes》는 1917년부터 지금까지 매년 미국 기업의 순위를 발표해 왔다. 그런데 1917년 통계와, 80년 뒤인 1997년 통계를 비교해 보면 상위 100위권 기업 중 아직까지 살아남은 기업은 GE가 유일하다. 특정 시점에 미국 100대 기업의 반열에 올랐다는 것은 분명 당대에 상당한 경쟁우위를 지녔다는 데 대한 확실한 방증이다. 그럼에도 불구하고 대다수는 그런 경쟁우위를 한 세기도, 아니 한 세대도 변변히 지속하지 못했다.

또한 성공학 저자의 대명사인 톰 피터스Tom Peters는 자신의 저술에서 1982년 당시 성공기업 43개사를 선정하여, 이들의 공통점을 바탕으로 기업의 성공공식 여덟 가지를 추출하였다. 그러나 5년이 되지 않아 1984년 11월 5일자 《비즈니스 위크》에서는 이 43

개사 중 3분의 1이 재정 위기에 빠졌다는 점을 지적했다.

그 가운데에는 아타리Atari, 데이터 제너럴Data General, DEL, 레이니어Lanier, NCR, 왕랩Wang Labs 등 추억 속에만 남아 있는 기업들도 있고 그 뒤로 기사회생한 IBM, 제록스 등도 있다. 기업의 성공이 이렇게 허망할 수가 없다. 세계적인 경영학의 구루로 꼽히는 짐 콜린스Jim Collins도 역저《좋은 기업을 넘어 위대한 기업으로Good to Great》에서 성공 기업의 8가지 속성을 발표하여 커다란 반향을 일으켰다. 그런 그도 나중에는 또다른 저술에서 이러한 대안이란 사실 실천적 대안이 빠져 있는 쓸모 없는 것이라고 인정하기도 하였다.

그렇다면 왜 이처럼 기업의 경쟁우위를 지속하기 힘든 것일까?

그것은 바로 급속하게 진행되는 경영환경의 변화 때문이다. 기업이 한 시점에 경쟁우위를 점한다는 것이 그 기업의 역량과 전략이 절대적으로 우수함을 의미하지는 않는다. 애당초 '경쟁'이란 상대적인 개념이다. 입시의 수석 합격자를 가리듯이, 꼭 전과목 만점을 맞을 필요가 없다. 문제가 어렵건 쉽건 경쟁자보다 단 1점만 더 높은 점수를 받으면 된다. 시장에서 히트하는 제품이라고 해서 모든 면에서 다 우수한 것은 아니다. 다소 허술한 구석이 있더라도 당대 소비자의 핵심적인 니즈만 충족시키면 대박상품의 반열에 오른다. 이를 좀 더 정교하게 표현하면, 경영환경과 경쟁우위 요소가 서로 '잘 맞아떨어졌기(또는 적합했기=fit)' 때문이라고 할 수 있다.

그런데 경영환경은 변화하는데 기업은 변화하지 않고 그대로 안주한다면 어떤 일이 벌어지겠는가? 결과는 불을 보듯 뻔하다. 기존의 성공에 눈이 멀어 고집을 피우다가 나락으로 떨어질 것이다. 물론 하루에 두 번은 정확히 맞는다는 멎어버린 시계처럼, 어쩌다 다시 한번 성공을 맛볼 수도 있다. 하지만 요즘처럼 숨가쁜 경영환경에서는 '다음 번 시간이 우연히 맞을' 때까지 살아남기도 힘들다. 기업도 끊임없이 스스로를 변화시키지 않는다면 머지않아 몰락의 운명에 처할 수밖에 없다.

이러한 현상을 잘 비유하고 있는 개념이 '붉은 여왕의 경주a Red Queen Race'이다. 이것은 루이스 캐럴의 『이상한 나라의 앨리스』의 속편인 『거울 나라의 앨리스Through the Looking-Glass』에서 비롯되었다.

이 책에는 신기한 '붉은 여왕'이 등장한다. 체스판 모양의 나라에 도착한 앨리스는 붉은 여왕의 손에 이끌려 달리게 되는데, 그때 여왕이 이렇게 말한다.

"자, 여기에서는 보다시피 같은 자리를 지키고 있으려면 계속 달릴 수밖에 없단다. 어딘가 다른 곳에 가고 싶다면, 최소한 두 배는 더 빨리 뛰어야만 해!"

앨리스가 처한 상황은 마치 사람들이 트레드밀(러닝머신)에서 떨어지지 않기 위해 끊임없이 달려야 하는 것과 같다. 변화 한가운데 놓인 개체에 대한 이 '붉은 여왕'의 비유는 자연과학과 사회과학의 여러 분야에서 다양하게 인용되어 왔다. 이는 계속 변화하는 경영환경 속에 놓인 기업에도 꼭 들어맞는 비유가 아닐 수 없다.

하지만 기업이 달리는 것, 즉 변화하고 적응하는 것은 생각처럼 그리 쉬운 일은 아니다. 트레드밀의 벨트처럼 미리 맞춰놓은 속도대로 세상이 일정하게 움직인다면 페이스를 유지하기가 비교적 쉬울 것이다. 그러나 기업이 올라탄 경영환경의 벨트는 제멋대로 움직인다. 때로는 굉장히 느릿느릿 움직이다가 갑자기 빨라지기도 하고, 뒤로만 가는 게 아니라 갑자기 방향을 바꾸기도 한다. 여기에 일일이 몸을 맞추다 보면 금세 녹초가 된다.

문제는 또 있다. 기업은 시장에 비해서 더 빨리 진화하기가 힘든 구조적 약점을 지니고 있다. 바로 기업은 결함과 왜곡으로 가득 찬 인간으로 구성된 조직체라는 점이다. 일단 인간에게는 평균적으로 현실에 안주하고 변화를 꺼려하는 속성이 있다. 자신의 행태를 변화시키느니 상황 인식을 왜곡시켜서라도 변화의 필요성에 눈을 감으려는 편향성이 나타나며, 이를 '현상유지 편향status quo bias'이라고 한다.

이런 조직원들의 의식적 또는 무의식적 저항을 깨고 변화의 공감대를 형성하는 데만도 많은 노력이 필요하다. 한 사람의 변화 의지를 고취하기도 힘든 마당에, 저마다 개성이 다른 수많은 사람들이 하나의 팀워크를 이루고 함께 변화하기란 더욱더 어려울 수밖에 없다. 마치 흐느적거리는 거인처럼 머리 따로 손발 따로 몸통 따로 놀다가 엎어지기 십상이다.

이처럼 끊임없이 진화하는 시장에서 기업이 경쟁우위를 지속적으로 유지하는 것은 상상 이상으로 어려운 과정이다.

환경과 상호작용하는 열쇠

이러한 상황에서 복잡계 원리가 일깨워주는 기업의 선택지는 무엇일까? 여기에는 근본적인 사고방식의 전환이 매우 중요하다. 지속적인 경쟁우위라는 목표에 매몰되지 말고, 일시적인 경쟁우위를 끊임없이 창출하는 방향으로 생각을 바꿔야 한다. 환경 변화에 신속히 적응하고, 새로운 환경을 능동적으로 창조하며 환경과 적극적으로 상호작용하는, 즉 공진화co-evolution만이 유일한 해결책이다.

이와 같은 맥락에서 최근 『위대한 전략의 함정Strategy Paradox』*이라는 책으로 주목을 끈 레이너M. E. Raynor의 견해를 눈여겨볼 필요가 있다. 그는 '기업의 성공이 탁월한 전략에 의해서 좌우되는 것이 아니라 환경에 의해서 좌우된다'고 밝혔다. 즉 전략이 뛰어난지 여부가 아니라 환경의 상황이 기업에 우호적인지 여부가 성공과 실패를 가른다. 즉, 어떤 하나의 우수한 전략을 선택한다고

---

* M. E. Raynor(2007), Strategy Paradox: Why Committing to Success Leads to Failure and What to Do About It, Bantam.

해서 반드시 성공을 보장할 수 없는 것이다. 이는 환경의 상황에 우호적인 조건을 만드는 것이 성공의 핵심이며, 바로 환경과 적합도를 끊임없이 유지하는 것만이 성공을 담보한다는 견해와 정확히 일치한다. 그렇게 하기 위해서는 기업의 성공 전략도 어느 하나를 고수할 것이 아니라, 환경의 변화에 맞게 끊임없이 바꾸어 나가야 한다.

이를 본격적으로 실행에 옮기기 위한 구체적 방안으로 '로드맵Roadmap 전략'이 효과적이다. '로드맵 전략'이란 목표와 그 목표를 찾아가는 지도인 로드맵을 그려놓고, 상황의 변화에 따라 그때그때 적합한 길을 선택해 나가는 전략을 뜻한다. 여기서의 로드맵은 명확하게 어떤 길을 밟아 나가야 하는지를 상세히 정해놓은 지도가 아니다. 대체적인 지향점이 정확히 기록되어 있고 중간중간에 길을 잃지 않도록 확인해야 할 핵심 사항만이 담겨 있다.

이와 같은 의도된 모호성, 불확실성이야말로 로드맵의 중요한 특징이다. 이러한 불확실성을 떠안고 변화하는 환경과 능동적으로 상호작용하면서 로드맵에서 적합도가 높은 길을 끊임없이 모색하고, 선택하는 것이다. 이 과정에서의 핵심은 환경 변화에 대해 끊임없이 새롭게 인지하고 조직 내부의 학습을 실천해 가는 것이다.

복잡한 미래를 100% 예측하는 것은 처음부터 불가능한 일이다. 커다란 변화의 추이, 즉 메가트렌드를 감지할 수는 있어도 세세한 상황이 어떻게 되리라는 것은 고도로 발전된 현대의 지식체계로도 예측이 전혀 불가능하다. 이런 상황에서는 애초부터 오류의 가능성을 인정하고 수정의 여지를 남겨두어야 한다. 로드맵을 밟아가다가도 당초 기획했던 밑그림과 목표가 잘못되었으면 이를 시정해야 한다. 설령 큰 그림은 맞았어도 진입한 경로가 막다른 길임을 확인했으면 돌아가기도 해야 한다.

이는 체계적으로 예측과 계획을 세우고 그대로 실행해 가는 '마스터플랜Master Plan 전략'과 정반대다. 물론 치밀하게 단계별로 구체적인 지침을 마련한 마스터플랜 전략에도 나름의 장점은 있다. 능동적인 대처에 익숙하지 않은 다수의 조직원들은 마스터플랜에 적힌 대로만 따르면 되므로 전체적인 통제가 쉽다. 책임소재를 판단하는 데도 마스터플랜을 이행했느냐 여부만 점검하면 되니 훨씬 쉽다. 이는 조직을 하나의 잘 설계된 기계로, 각 구성원을 오차 없이 정확히 설계대로 행동하는 기계의 부속품으로 바라본 결과라고 할 수 있다.

실제 일률적인 대량생산 체계에서 이러한 기계가 훨씬 적합하듯이, 변화하지 않는 환경에서 특정 업무가 반복되는 상황이라면 마스터플랜 전략이 더욱 효율적이다.

그러나 변화하는 환경 속에서 끊임없이 업무를 바꾸어가며 새로운 길을 모색해야 하는 현실에서는, 점차 마스터플랜보다 로드맵의 중요성이 높아지고 있다. 로드맵을 그리고 환경과의 능동적인 상호작용을 통해 그때그때 적합도가 높은 길을 선택하는 것만이 기업의 생존을 담보할 수 있는 시대가 도래했다.

지금부터 '로드맵 전략'의 핵심적인 절차를 살펴보기로 하겠다. 크게는 로드맵을 만들고, 이를 실행하는 두 단계로 나눠볼 수 있다. 이를 좀 더 세분화하면, 로드맵의 작성 단계는 다시 ① 조직이 지향하는 비전을 설정하고, ② 비전을 달성하기 위해서 시나리오의 포트폴리오를 만드는 부분으로 나눌 수 있다.

그러나 로드맵 전략의 실행 단계는 작성 단계와 명쾌히 구분되지 않는다. 이것은 실행과 수정이 반복되는 끝없는 현재 진행형 학습, 즉 '실행을 통한 학습 Learning by doing'의 과정이기 때문이다.

로드맵 제1단계: 비전을 설정한다

로드맵을 만들기 위해서는 우선 조직이 비전을 설정해야 한다. 기업의 비전에는 각 기업이 그리는 미래의 모습이 투영되어 있으며, 이는 조직 구성원들이 한방향으로 추구해야 할 지향점이 된다. 비전은 기업의 장기적 모습이며, 이상이자 꿈이다.

세계 유수의 기업으로 손꼽히는 소니, GE, 도요타의 비전을 살펴보면 이는 보다 명확해진다. 체계 잡힌 기업일수록 공개적으로 비전을 재설정하고 이와 함께 변화를 추구해 왔다. 그러므로 시대마다 바뀌는 기업의 비전만 보더라도 그 기업이 어떻게 진화되어 왔는지를 쉽게 알 수 있다.

소니는 1990년대 중반 이후 회사의 비전을 전자회사에서 엔터테인먼트회사로 변모시켜 왔다. 이러한 소니의 지향점은 다음과 같은 비전에 담겨 있다.

'소니는 세계에서 가장 뛰어난 엔터테인먼트 회사를 지향한다(Sony will be the most comprehensive entertainment company in the world).'

소니는 전통적으로 워크맨으로 상징되는 휴대용 음향기기, 트리니트론, 브라비아Bravia 등으로 상징되는 영상기기를 필두로 각종 전자제품의 세계적인 아성이었다. 이런 일본 특유의 기술지향적 기업문화를 지닌 회사가 엔터테인먼트 회사로 변신하려는 결단에는 하드웨어의 우위를 바탕으로 각종 콘텐츠 비즈니스까지 석권하겠다는 의지가 담겨 있다고 할 수 있다. 한국·대만·중국 등의 후발주자들이 각종 전자제품 시장에서 거센 도전을 해오는 상황 속에, 정보화시대의 핵심인 무형의 가치를 장악하려는 시도 자체는 설득력 있는 것이었다. 2005년 CEO에 사상 최초로 외국인인 악셀 스트링거Axel Stringer를 선임하고 변화의 가속 페달을 밟는 모습에서 이러한 지향점은 더욱 분명해졌다. 지금은 전통적 전자산업에서의 고전으로 어려운 상황이지만 향후 소니의 미래지향적 비전이 만들어 낼 모습을 지켜보아야 할 것이다.

GE 및 도요타의 비전에도 기업 문화 및 지향점이 배어 있다.

- GE

    Imagination at Work, 에코메지내이션Ecomagination
- 도요타

    사람·사회·지구환경의 조화를, 그리고 모노즈쿠리를 통해 지속 가능한 사회 실현(人・社会・地球環境と調和を図り'モノづくりを通して持続可能な社会の実現)

GE는 창조력의 중요성이 어느 때보다도 중요해지는 상황을 반영하여 상상imagination을, 지구온난화의 부각에서 보듯이 환경 문제가 핵심으로 떠오르고 있는 상황을 반영하여 '친환경eco-'을 그들의 비전에 담아냈다. 이는 친환경으로 상징되는 미래의 과제에 대해 과감한 상상력을 발휘하여 창조적 해결책을 제시할 수 있는 기업으로 나아가겠다는 의지를 반영한 것이다.

도요타의 비전에서도 이러한 트렌드가 반영이 되어 있다. 그러나 GE와의 명확한 차이는 도요타는 여전히 '모노즈쿠리モノづくり'로 상징되는 기술지향적인 문화를 핵심으로 담고 있으며, 사람을 중시하고 조화를 도모하는 일본식 경영을 표방하고 있다는 점이다.

이처럼 로드맵에서 추구하는 비전에는 미래에 대한 통찰력이 담겨 있어야 한다. 또한 미래의 메가트렌드를 반영하고 고객의 니즈에도 부합해야 한다. 비전은 단순히 언론 홍보용의 그럴 듯한

겉포장이 아니며, 기업의 전략 수립에 있어서 나침반 역할을 수행할 수 있는 것이어야 한다. 따라서 여기에는 미래에 대한 꿈이 반영되어 있고 이를 공유할 구성원들에게 도전 의지를 고취시켜 줄 수 있어야 한다.

노키아의 최근 행보는 이러한 비전의 역할을 다시 한 번 돌아보게 한다. 노키아의 전임 CEO이자 이사회 의장인 요르마 오릴라는 2008 전략회의에서 새로운 비전을 선포했다. 바로 '인터넷을 변혁하라'는 것이었다. 노키아는 전세계적으로 소통과 연결의 방식이 유선에서 무선으로 변화하는 메가트렌드를 바탕으로, 모바일로 인터넷 세상을 지배하겠다는 야심만만한 비전을 선포하였다. 한마디로 노키아는 개인이 모바일을 통해 세계와 연결될 수 있도록 인터넷 변혁에 집중하겠다는 의지를 비전에 담았다. 이를 바탕으로 스마트폰(예: N97), 지도 및 메신저 서비스(예: Maps on Ovi, Mail on Ovi, Nokia Messaging), 다양한 모바일 웹서비스(예: point and find, view point) 등 모바일 웹 시장을 겨냥한 대규모 제품 및 서비스를 활발하게 선보이고 있다.

이는 삼성전자, LG전자 등이 전통적인 모바일 하드웨어 시장에서 급속히 시장점유율을 넓히고, 애플이 아이폰과 앱스토어를 앞세워 스마트폰 시장을 선점하고 있는 환경 변화에 대한 대응이라 볼 수 있다.

지금까지 살펴본 소니, GE, 도요타, 노키아 등 세계 초일류 기업의 비전 설정과 변화의 움직임은 현재 진행형이다. 그리고 이들이 이러한 실행을 통해 거둔 성과는 아직까지는 모호한 것이 사실이다. 최근 글로벌 금융위기의 한파는 이들 기업들에게도 혹독하게 몰아치고 있으며, 모두 전례 없는 실적 악화로 고전하고 있다.

소니는 최근 5년 연속 유례 없는 실적 악화의 깊은 수렁에 빠져 있고, 2009 회계년도의 실적 전망은 영업손실 1,100억 엔, 순손실 1,200억 엔에 달할 것으로 예측되고 있다. 도요타는 세계 시장의 수요 급감으로 2007년 950만 대 수준이던 생산량이 2009년에는 668만 대 수준으로 줄 것으로 예상되며, 2009 회계년도의 영업손실은 무려 7,500억 엔에 달할 것으로 예상하고 있다. GE도 핵심 자회사로 손꼽혔던 GE 캐피털이 금융위기로 홍역을 치른 바 있다.

이를 보면 비전의 수립은 기업의 생존과 발전에 있어 가장 기본적인 첫 단계에 지나지 않으며, 진정한 핵심은 요동치는 환경 속에서의 로드맵을 실행하는 데 있음을 알 수 있다.

그러나 이미 이러한 비전의 설정을 통해 극적으로 변화한 회사들을 보면 그 기본 단계의 중요성은 결코 간과할 수 없다. 대표적인 성공 사례로 세계 종자시장의 최강자인 몬산토Monsanto를 예로 들 수 있다. 1980년대 초반까지 몬산토는 각종 플라스틱, 아스피린 등을 생산하는 종합화학회사였다. 미국 5대 종합화학회사로서 그들의 입지는 실로 대단한 것이었다. 하지만 그들도 두 차례의 오일 쇼크를 겪고, 연이은 신흥 공업국의 석유화학 설비 증대를 목도하며 다가오는 환경 변화를 절감할 수밖에 없었다.

이런 위기감이 극에 달하고 있던 1995년 CEO에 취임한 로버트 샤피로Robert Shapiro는 몬산토의 비전을 새롭게 정의하는 일부터 시작했다. 그는 조직 전체에 "기아와 환경파괴로부터 인류를 구한다"는 원대한 비전을 내걸고 과거에 얽매이지 않은 새로운 길을 모색할 것을 주문하였다. 이는 오늘날처럼 범지구적인 환경 위기감이 고조되지 않았던 당시로서는 파격적인 비전이었다. 더군다나 환경보호와는 동떨어진 이미지를 가진 종합화학회사의 비전으로는 언뜻 어울리지 않는 것이었다.

그러나 이러한 파격적인 비전은 구성원들에게 파격적인 해결책을 독려하는 훌륭한 동기로 작용했다. 이때 몬산토가 채택한 미래의 성장동력이 바로 '유전자변형농산물GMO'이었다. 몬산토는 이미 바이오 분야에 미래의 희망을 걸고 1980년대 초반부터 착실한 관련 연구개발 역량을 확보해 가고 있었다. 몬산토는 오랫동안 발전시켜 온 유전형질 변형 기술을 통해 곡물가격 폭등, 자연재해로 인한 수확량 감소에 대한 대응력을 새로운 성장동력으로 삼기로 한 것이다.

샤피로는 GMO의 가능성을 보는 데 그치지 않고, 이후 3년간 알짜 화학 관련 사업부를 모두 매각하고 80억 달러라는 막대한 규모의 인수합병을 성사시킨다. 기업이 가진 역량을 모두 신사업 분야에 집중시켜 전통적인 종합화학회사에서 농생명공학 분야로 빠르게 조직을 변화시켰다. 물론 그 과도기에 GMO의 위험성을 둘러싸고 수많은 우여곡절과 위기가 있었다. 그러나 2000년대 들어서면서 과거의 흔적은 찾아보기 힘들 정도로, 세계 최대의 종자회사이자 세계 3대 첨단 생명공학 기업으로 완벽하게 변신하며 우뚝 섰다. 불확실성 속에서 과거에 쌓아 올린 역량을 기반으로 원대한 비전을 제시하고 조직의 창의적인 잠재력을 끌어낸 부단한 노력의 결과였다.

이처럼 성공적인 변화와 혁신은 불확실성을 차단하고 억제하는 것이 아니라, 로드맵의 큰 지향점을 그리는 것을 시작으로 기업에 '혼돈'을 불러일으켰을 때 달성할 수 있는 것이다.

로드맵 제2단계: 시나리오를 수립한다

그러면 이러한 비전을 달성하기 위한 전략은 어떻게 수립해야 하는 것일까? 이미 앞에서 명확한 마스터플랜을 수립하고 이를 그대로 실천하기에는 우리가 사는 세상은 너무나 복잡하고 불확실성으로 가득 차 있다고 여러 번 강조했다. 이러한 상황은 서두에 이야기한 적합도 지형의 모형을 통해 좀 더 구체화시킬 수 있다. 로드맵 작성에서 추구하는 바는 이런 적합도 지형의 고지를 장악하는 것이다.

그러나 변화무쌍한 환경 속에서는 이러한 지형 자체가 끊임없이 융기와 침강을 반복한다. 한순간 고지라고 믿었던 곳이 어느새 낮아지고 다른 곳에 거대한 봉우리가 새로 솟아나기도 한다. 또한 미세하게는 지형 곳곳이 울퉁불퉁한rugged 구조를 지닌데다 그 상세한 얼개가 그려지지 않는 게 보통이다. 마치 막상 좋은 지도를 지녔다고 해도 산을 오르다 보면 오밀조밀한 바위나 수풀에 가려 지세를 가늠하기 어려운 것과 같다. 이러한 환경에서 적합도 지형의 고지로 오르기 위해서는 여러 가지 예비 '등정 코스'를 준비해 놓아야 한다.

이러한 다양한 등정 코스를 살펴놓는 과정이 이른바 시나리오의 포트폴리오를 구성하는 것에 해당한다. 시나리오를 만드는 과정에서 비전을 실행하는 데 있어서 가장 위협적인 요소가 무엇인지, 가장 불확실한 요소가 무엇인지를 먼저 파악한다. 이때 예측이 불가능하면서 가장 위협적인 요소가 무엇인지를 파악하는 것이 우선이다.

시나리오 플래닝*에서는 가장 핵심적인 불확실성 요소를 두 축으로 선택하고 이를 바탕으로 미래의 변화상인 네 가지의 시나리오를 도출하는 것이 가장 일반적인 방법이다. 만약 위협적이지만 예측이 불가능한 요소가 너무 많아서 두 가지 축으로 압축되지 않

---

* 가능성이 높은 복수의 미래 경로, 즉 "시나리오"를 도출하고 각 상황에 대처하는 대응책을 마련하는 전략적 계획. 시나리오 플래닝은 미래에 대한 엄밀한 예측을 지향하지 않는다. 시나리오는 정확한 미래의 전개상이라기보다는 수많은 불확실성을 내포한 하나의 미래 스토리일 뿐이다. 그러나 시나리오 수립을 통해 미래의 잠재 위협요인들을 사전에 고려하고 각 경우에 대한 기본적인 대비책을 마련함으로써, 미래 상황변화에 대응하는 유연성을 한창 높일 수 있다.

| 그림 2-2 신문 미디어의 미래 시나리오 분석(1990년대 시점) |

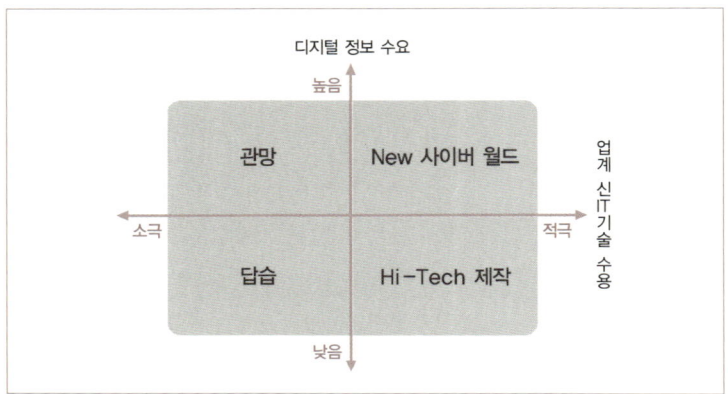

소비자들의 미래 디지털 정보 수요 정도와 신문업계의 신IT기술 수용도라는 두 가지 불확실성을 축으로 4개의 시나리오를 만들었다. ① 디지털 정보 수요와 기술 수용도가 모두 높으면 새로운 기술을 기반으로 한 새로운 미디어와 업계 질서 재편이 뒤따른다. ② 업계의 기술 수용도는 높으나 정보 수요가 낮으면 업계 질서는 유지된 채 컨텐츠 제작 환경만 첨단화된다. ③ 정보 수요가 높으나 기술 수용도가 낮으면 기존업계는 관망만 하고 새로운 경쟁자들이 시장에 진입한다. ④ 정보 수요와 기술 수용도가 모두 낮으면 신기술에 회의적인 분위기가 지배적이고 지금까지의 구도를 답습한다. 마츠 린드그렌, 한스 반드홀드(2006), 《시나리오 플래닝》.

는 경우에는 시뮬레이션 방법론을 활용한다.

이러한 시나리오 경영의 원조는 세계적 석유회사인 로열더치쉘Royal Dutch Shell이다. 쉘이 시나리오 경영의 토대를 쌓은 것은 1970년대의 일이다. 당시 경제 여건이나 경영환경은 별 문제가 없었으나, 석유자원이 중동 같은 일부 지역에 편중되어 분포하는 것이 큰 문제였다. 이것은 산유국의 정치, 전쟁 등 외부 변수가 일으킬 수 있는 영향을 경영계획에 효과적으로 반영하는 기법의 필요성을 일깨웠다. 이를 복잡계의 이야기로 설명하면, 적합도 지형의 일부가 한순간에 무너져내리는 산사태가 벌어질 수 있음을 절감했던 것이다.

  산사태가 났을 때 대체 경로를 가늠해 놓지 않는다면 오도가도 못하는 신세가 되기 쉽다. 시나리오 또한 최악의 경우를 가정한 시나리오와 그때의 구체적인 행동계획이 필요하다. 쉘은 다른 회사들이 간과하고 있었던 이러한 부분을 종합적으로 고려한 전략을 수립하였다.

  이 시나리오 경영이 진가를 발휘한 것은 1973년 제1차 오일 쇼크 때였다. 그해 10월 6일에 제4차 중동전쟁이 발발하자 순식간에 유가가 폭등했다. 다른 회사들이 충격에 휩싸여 대책 마련에 허둥댈 때 쉘은 미리 준비한 시나리오에 따라 필요한 조치들을 밟아나갔다. 당시까지만 해도 정유 업계에서 세계 7위에 머물고 있던 쉘이 이 사태를 계기로 단번에 2위로 올라설 수 있었던 것은, 일어날 수 있는 변수를 예상하고 미리 대비책을 마련해 온 철저한 시나리오 경영 덕분이었다.

  무엇보다 시나리오의 포트폴리오는 다양한 옵션으로 구성되어야 한다. 발생 가능성이 높은 시나리오의 경우 구체적으로 실행에 옮겨야 하지만, 그렇지 못한 시나리오의 경우 언제든 실행 준비를 하고 있어야 하는데, 이때 필요한 것이 전략적 옵션option's approach이다. 옵션은 미래에 어떤 전략을 실행할 수 있는 권리이지 의무는 아니다. 불확실성이 높을 경우 일부 시나리오를 실행할 수 있는 권리를 미리 획득하자는 것이 전략적 옵션이다. 만약 불확실성이 사라져서 특정 시나리오의 실행이 필요 없다면 옵션의 가치만큼만 버리면 된다. 준비한 시나리오의 실행이 필요해지면 옵션을 행사함으로써 경쟁자들보다 재빠르게 전략을 실행하게 되고 이를 통해 경쟁우위를 유지할 수 있다.

이러한 전략적 옵션은 앞서 살펴본 적합도 지형에서의 여러 대체 경로를 살짝 엿보는 것에 비유할 수 있다. 즉 각 경로마다 약간씩의 자원을 투여하여 가능성을 엿보는 정찰대를 파견하는 것이다. 리스크 요인이 폭발하고 나서 경로를 수정하려고 했을 때, 사전에 길목을 잡아놓은 정찰대가 없으면 막상 다른 길에 들어서기가 여간 어려운 게 아니다. 중요한 시나리오일수록 이를 전략적 옵션의 틀에서 관리해야 한다.

이러한 전략적 옵션을 활용한 시나리오 수립에 있어서 대표적인 성공 사례로는 단연 마이크로소프트를 들 수 있다. MS는 1980년대 초 IBM으로부터 PC의 운영시스템os 납품 계약을 따내고, 우선 다른 회사로부터 기술을 사들여 문을 열었다. 이렇게 시작한 것이 바로 MS-DOS였다. PC의 비약적인 성장과 함께 돈방석에 앉은 MS의 CEO 빌 게이츠는 로드맵의 지향점부터 원대했다. "모든 가정에 컴퓨터를 보급한다"는 그야말로 당시엔 말도 안 되는 비전을 세웠던 것이다. 그러나 그는 여기에 그치지 않고 지향점까지 가는 중간기착지를 설정했다. 로드맵의 중간 목표를 세심히 설정하고, 단계적으로 여기에 도달하기 위한 다양한 경로는 시나리오와 전략적 옵션을 통해 관리했다.

특히 MS는 MS-DOS 성공 이후, 또 다른 도약을 준비할 때 이러한 옵션을 다양하게 준비했다. MS-DOS의 성공 이후 IBM이나 유력 경쟁사들은 새로운 OS를 만들어 MS-DOS의 아성을 공략하는 데 골몰하고 있었다. 이런 상황에서 우선 MS는 기존의 라인업에 투자하는 정책을 유지했다. 동시에 PC 시장의 거인 IBM의 탈환 가능성에 대비해, IBM의 새로운 OS인 OS/2 프로젝트에도 출자했다. 또한 MS는 주로 워크스테이션이나 메인프레임 등 대형 컴퓨터에 쓰이던 UNIX를 위협의 크기는 작으나 지속적으로 영향을 줄 존재로 인식하고 UNIX와의 제휴에도 적극적으로 나섰다. 그러면서 PC용의 UNIX를 개발하는 회사를 인수하기도 했다. 이런 옵션의 바탕 위에서 자사의 차기 OS인 '윈도우' 시리즈의 개발을 밀고 나갔다.

이를 종합적으로 살펴보면, 자사의 기존 제품을 밀고 나가는 것 이외에도 경쟁 제품의 득세에 대비해 일정한 지분 확보에도 고심했음을 알 수 있다.

이와 같은 시나리오의 포트폴리오는 지금의 MS를 만든 발판이 되었다. MS는 미래의 불확실성이 걷히자 잘못된 시나리오를 하나씩 제거하고, 그때마다 가장 적합한 시나리오를 선택해 가면서 최고의 회사로 성장할 수 있었다. MS의 시나리오는 완벽하지도 않았고, 실수도 많았지만 일단 목표를 정해놓고 '로드맵'을 따라가며 적합성이 높은 길을 선택해 나감으로써 성공할 수 있었다.

실행을 통한 학습 Learning by Doing

이렇게 전략적 옵션을 활용하여 시나리오의 포트폴리오가 완성되었다면 마지막으로 필요한 것이 구체적인 실행 방안이다. 시나리오의 포트폴리오를 실행하는 과정은 '실행을 통한 학습', 즉 시도와 학습을 통해 계속 앞으로 나아가는 과정이다. 한번 계획을 세웠다고 해서 한방향으로만 맹목적으로 달려가다 보면 환경이 바뀐 뒤에 전혀 다른 길로 빠질 수 있다. 그렇기 때문에 하나의 계획을 실행하는 도중에도 끊임없이 적합도 지형을 재검토하며 그 결과를 학습하고, 학습을 통해 다시 실행 방향을 수정해 가는 '실행을 통한 학습'이 필요하다.

미래의 비전과 비전을 실행하기 위한 전략으로서 시나리오의 포트폴리오를 만들었으면 가장 실현 가능성이 높은 시나리오를 중점적으로 실행하고 그렇지 못한 시나리오의 경우 다른 옵션에 투자해야 한다. 이처럼 시나리오를 실행하는 과정에서 잘못된 시나리오의 축은 끊임없이 수정하고 또다시 시나리오의 포트폴리오를 만들고, 필요 없어진 시나리오 혹은 시나리오를 실행하기 위한 권리인 옵션을 버리는 과정이 바로 '실행을 통한 학습'의 과정이다.

대표적인 사례로 BP의 예를 들 수 있다. 세계 석유화학업계의 슈퍼메이저로 꼽히는 BP 역시 1980년대 이래 수많은 전략의 변화를 경험하였다. 1995~2007년까지 CEO를 역임한 존 브라우니 John Browne는 그 과정에서 마스터플랜을 미리 수립하는 데 집착하지 않았다. 그때그때 상황에 맞게 전략을 유연하게 바꿔가며 실천했다. BP의 전략 수립 과정은 완벽하지도 않고, 실수투성이고, 모든 것이 제대로 돌아간 것도 아니었지만, 그래도 여전히 BP는 세계 3위를 유지하며 순항하고 있다. 그것은 변화무쌍한 환경 속에서 조직 전체가 끊임없이 새로운 시나리오를 실천하면서 학습했기 때문에 가능한 일이었다.

BP가 최근 역점을 두고 있는 부분은 지구온난화의 주범으로 꼽히는 온실가스 문제의 해결이다. 화석연료 개발 및 공급을 담당하는 석유회사들로서는 온실가스 감축 움직임에 기민하게 대응하지 못하면 추락은 시간 문제이다. BP는 이를 기업의 사활이 걸린 핵심 문제로 인식하고 과감하게 배출권거래제*를 사내부터 도입하였다. 교토 의정서 체제하에서 향후 국제적인 탄소배출권 시장이 열리게 되겠지만, 이것이 한 회사에 어떤 영향을 줄지는 아직 정확히 가늠하기 힘들다. 이런 상황에서 BP는 배출권거래제를 사내에서 시험하면서 그 영향을 미리 테스트해 본 것이다. BP는 이를

---

* 교토의정서에 의해 규정된 온실가스 배출 권한을 매매할 수 있도록 허용한 제도이다. 각 국가나 기업은 일정량의 온실가스 배출권을 부여받으며, 온실가스를 적게 배출하는 기술을 도입하거나 온실가스를 흡수하는 나무를 많이 심어서 배출권을 일부만 사용할 수 있다. 이를 통해 남는 온실가스 배출권은 배출권이 모자란 온실가스 과다배출 국가 또는 기업에게 팔아 이익을 얻을 수 있다. 범 지구적인 온난화 방지를 위해 도입이 가속화되는 추세여서 향후 산업경쟁력에 커다란 이슈로 자리잡을 것으로 예상되고 있다.

| 그림 2-3 단일순환학습과 이중순환학습 |

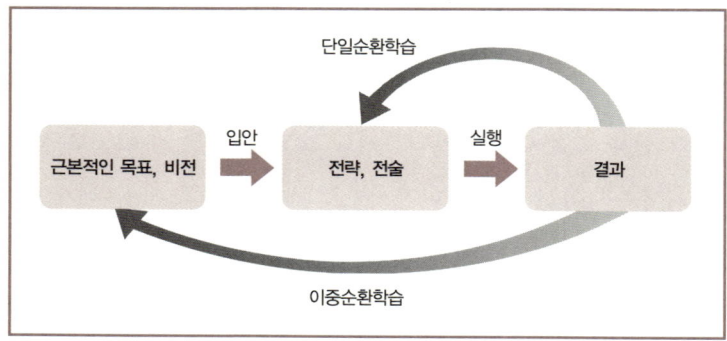

바탕으로 경험을 축적하고 미래의 글로벌 기준에 맞춰 조직의 경쟁력 강화를 꾀할 수 있었다.

이처럼 처음에는 막연해 보이던 적합도 지형의 경로를 직접 밟아보면서 거기서 일어나는 시행착오를 곧바로 반영해 전략을 수정해 가는 과정이 '실행을 통한 학습'이다.

'실행을 통한 학습'에서의 학습 과정을 좀 더 확장시켜 바라볼 필요가 있다. 위와 같이 시나리오의 포트폴리오를 끊임없이 수정해 나가는 과정은 단일순환학습Single-loop Learning으로 볼 수 있다. 그러나 여기서 한층 더 나아가면 조직의 비전 및 목표까지 주기적으로 점검하는 이중순환학습Double-loop Learning으로 발전시킬 필요가 있다.

이중순환학습은 장기적이며 조직 전체와 환경을 통찰하는 역량을 요구한다. 원래 전통적인 리더십에서 이중순환학습은 CEO

| 그림 2-4 실행을 통한 학습 프로세스 |

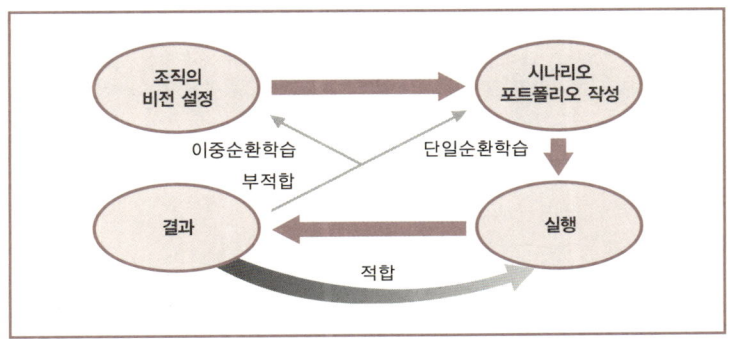

의 몫으로 여겨져 왔다. 그러나 복잡계적 관점에서는 CEO가 비전을 선포하고 이를 실행에 옮기는 하향식Top-down의 조직운영이 아닌, 상향식Bottom-up 학습 과정을 중요하게 생각한다.

이를 지식경영 분야에 널리 확신시킨 노나카 이쿠지로野中郁次郎 교수는 이를 종합하여 조직의 비전과 전략을 수립하는 데에 있어서 상하향절충식Middle-up-down 프로세스를 제안하였다.

조직의 비전을 바꾼다면, 비전에 따른 시나리오의 포트폴리오도 바뀌어야 한다. 비전의 수명이 CEO의 수명과 같다는 비판이 존재하는 것은 그만큼 조직의 이중순환학습이 여전히 하향식 과정을 밟고 있으며, 상향식 과정이 제대로 실행되고 있지 않다는 사실을 의미한다. CEO를 교체하는 일은 그만큼 조직이 위기에 처했다는 것을 의미하는데, 이러한 경우 구원투수로 등장한 CEO가 새로운 비전을 선포하고 조직의 전략체계를 새롭게 수립하는 것이 관례였다. 그러나 이중순환학습의 고리가 조직 차원에서 제대로 작동하고 있다면 조직은 CEO를 교체하지 않고도 끊임없이 비전을 재점검하게 되고, 이는 지속 가능한 경쟁우위의 원천이 될 수 있다.

환경과의 끊임없는 적합성 유지

기업을 경영한다는 것은 특정 시점에서 최적의 전략을 수립하여 이를 실천하는 것이 아니라, 환경 변화에 끊임없이 적응하고, 능동적으로 환경을 창출해 나가는 과정이다. 매년 경영환경 전망 및 계획을 수립하지만, 크게 빗나가는 것을 발견할 수 있다. 물론 경영계획을 수립하는 것 자체를 폄하하는 것은 아니다. 비록 빗나가더라도 그 나름대로의 역할이 존재하기 때문이다.

여기서 주장하는 바는 기업 경영의 핵심은 계획을 수립하고 실천하는 기존의 방식에 있는 것이 아니라, 환경과의 상호작용에 있다는 점이다. 환경 변화에 적응하고 환경을 능동적으로 창출하기도 하는 등의 노력이야말로 기업의 생존을 담보한다는 사실을 강조하고 싶다.

로드맵 전략은 우리가 미래에 발생할 것으로 예상하는 다양한 길을 상정하고, 환경의 불확실성이 걷혔을 때마다 그 가운데 적절한 길을 선택해 나가는 경영방식이기 때문에 고달프고 실천하기 어려울 수도 있다. 그러나 기업의 지속 가능한 경쟁우위를 창출하기 위해서는 필수적인 과정이다. 이는 지금까지 설명한 비전의 수립과 전략 포트폴리오 작성 및 '실행을 통한 학습' 방식을 통해 실행해 나가야 한다.

Principle 5

워킹과 점핑을 조합하라

자생적 성장을 위한 끊임없는 혁신

"최소한의 성장조차 하지 않으면 기업은 도태된다."

현대 경영학의 창시자 피터 드러커의 말이다. 성장은 그저 '하면 좋은 것'이 아니라 '하지 않으면 끝장 나는 것'이라 보아야 한다. 기업이 생존하기 위해 성장은 필수 과제이다.

성장의 방식에는 크게 두 가지가 있다. 자생적 성장Organic Growth과 인수합병M&A에 의한 성장이다. 둘 중 어떤 방법이 더욱 효과적이라고 단정지어 말할 수는 없지만 최근 《비즈니스 위크》의 기사를 보면 S&P 500대 기업의 CEO들은 인수합병을 통한 급속한 성장보다는 핵심사업의 경쟁력 강화를 통한 자생적 성장이 보다 확실하게 기업의 생존을 담보한다고 말했다. 즉 내부 혁신을 통해 사업의 경쟁력을 높이는 것이 기업을 성장시키는 데 더욱 중요하다는 견해이다.

혁신이라는 말을 한마디로 정의한다면 '짧은 시간 동안의 큰 변화'라 할 수 있다. 사업구조를 대대적으로 바꾼다든지 오랫동안 유지되어 온 조직의 관습이나 일하는 방식을 트렌드에 맞게 개조하는 것 등이다. 급격한 비즈니스 환경 변화에 노출된 기업이 혁신 역량을 갖추는 것은 매우 중요하다. 환경은 변하는데 여기에 적응하기 위해 아무런 노력도 하지 않는다면 기업은 자연히 도태될 수밖에 없다. 따라서 기업은 혁신을 구호로만 그치는 것이 아니라 이를 구체적인 실행으로 옮길 수 있어야 한다.

혁신을 실행으로 옮기기 위해서는 작은 혁신도 필요하지만, 큰 혁신도 필요하다. 적합도 지형도의 관점에서 본다면 작은 혁신은 국지적 탐색 local search=exploitation 을 의미하고, 큰 혁신은 글로벌 탐색 global search=exploration 을 의미한다. 국지적 탐색은 현재 속한 지형도에서 위로 올라가기 위해 노력하는 것을 의미한다. 이에 반하여 글로벌 탐색은 전체 지형도에서 가장 높은 봉우리들을 탐색하는 것을 의미한다. 여기서 작은 혁신을 '워킹 walking', 큰 혁신을 '점핑 jumping'이라고 부르기로 한다.

〈그림 2-5〉에서 가령 A에 속한 종이 유전자의 교차에 의해서 B

| 그림 2-5 적합도 지형도에서 종의 진화 |

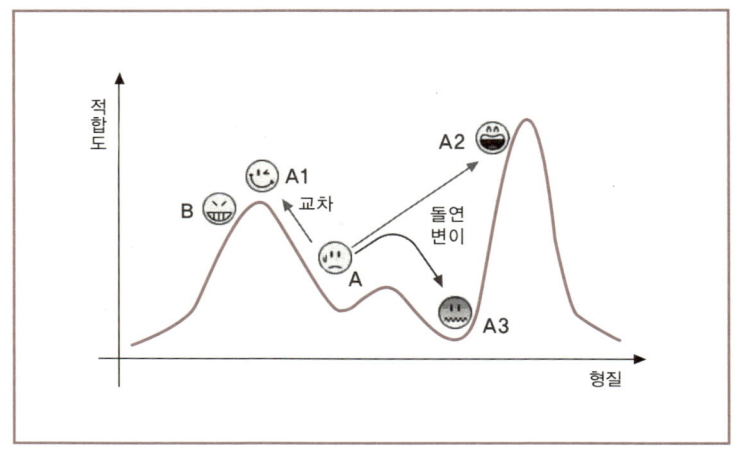

보다 높은 봉우리인 A1으로 올라가거나, 돌연변이를 탄생시켜 A2로 튀었을 때 생존이 가능하다. 그런데 돌연변이의 경우 어디로 튈지를 몰라서 A3로 추락하는 일도 얼마든지 가능하다.

이를 기업의 혁신 관점에서 본다면 기존의 봉우리에서 경쟁력을 강화시키는 방향으로 혁신하는 워킹도 존재하고, 새로운 봉우리를 탐색하는 점핑도 존재한다는 것인데, 다분히 그 위험성이 크다.

워킹과 점핑의 의미

혁신의 관점에서 '워킹'이란 프로세스 개선, 제품의 성능 향상, 고객만족도 제고 등 기업의 효율성을 높이는 '소규모 혁신' 혹은 '점진적인 혁신'을 의미한다.

워킹의 대표적 사례로 도요타가 있다. 도요타는 JIT_{Just In Time}*를 비롯한 생산 시스템의 끊임없는 개선改善, Kaizen을 통해 불량률을 줄이고 제조원가를 절감하여 세계 자동차 시장을 석권하였다. 하지만 도요타는 2차 대전 직후에만 하더라도 격렬한 노사분규, 실적 부진, 품질 불량 등으로 문을 닫을 뻔한 회사였다. 당시 도요타는 고용 안정을 위해 60세 정년을 보장했고, 제품의 품질 향상을 위해 끊임없는 개선을 혁신의 중심축으로 삼고 각고의 노력을 기울였다. 그 결과 JIT 시스템이 탄생할 수 있었고, 오늘날 도요타의 생산성 향상과 효율성은 타의 추종을 불허한다.

이러한 '워킹'과 달리 '점핑'이란 종전과는 전혀 새로운 고객·제품·사업을 통해서 기업의 체질 자체를 바꾸는 대규모 혁신을 의미한다. 워킹이 단기적인 혁신 또는 개선 활동이라고 한다면, 점핑은 비교적 장기적이고 위험도가 높은 혁신 활동이라 할 수 있다.

점핑의 대표적 사례는 GE이다. GE는 1878년 발명왕 에디슨이 실용적인 백열전구 개발을 위해 '에디슨 전광 회사'를 설립하면서 시작되었다. 그후 세계 최초로 TV 수상기, 비행기 엔진, 토스터, 빨래

---

* 생산 및 유통에서 필요한 소요량을 그때그때 적시에 조달하여 재고를 최소화하고 관련 비용을 절감하는 재고관리 전략. 과거에는 재고도 자산의 일부이므로 미리 다량의 재고를 확보하는 것을 크게 나쁘게 생각하지 않았다. 그러나 JIT 관점에서 재고는 부가적인 저장비용의 증가를 초래하고 생산 유연성을 떨어뜨리기 때문에 반드시 절감해야 할 대상이다. 애초에는 포드 자동차가 이를 시도하였으나, 도요타 자동차가 생산시스템 벤치마킹 과정에서 미국의 슈퍼마켓 체인 피글리위글리(Piggly Wiggly)의 재고관리 방식에 착안하여 이를 본격적으로 발전시켰다. 때문에 도요타 생산방식의 주요 요소로 인식되는 것이 일반적이다.

건조기, 냉장고, 에어컨 등을 만들어 인류의 생활양식을 크게 변화시켰다. 더 획기적인 변화는 1981년 사령탑에 올라 20년 동안 GE를 이끈 잭 웰치에 의해 이루어졌다. 그는 GE를 유서 깊은 제조업의 거인에서 고품질 서비스를 갖춘 세계 시장의 강자로 변모시켰다.

워킹과 점핑의 조화

혁신을 보다 효과적인 성장으로 이끌기 위해서는 워킹과 점핑의 조화가 필요하다. 이는 쉽게 말해 소규모 혁신과 대규모 혁신에 적절하게 자원을 배분하라는 의미이다. 마치 James G. March는 워킹 및 점핑이 적절히 조화를 이룰 때 조직의 학습역량이 커진다고 하였다. 즉 워킹과 점핑이 조화를 이룰 때 조직의 활력이 유지되고 지식의 축적이 늘어난다는 것이다. 워킹은 현재 가지고 있는 능력과 기술을 발전시키는 것으로 긍정적이고 예측이 가능하나, 점핑은 새로운 기술·발명·실험 등으로 수익성이 불확실하고 장기적이며 때때로 부정적이기도 하다.

   그렇다면 워킹과 점핑의 비율을 어느 정도로 유지하는 것이 최선일까? 물론 각 산업, 각 기업이 처한 상황에 따라 다르겠지만, 일반적인 기업의 경우라면 워킹의 비율이 80~90%, 점핑의 비율이 10~20% 정도라는 통계가 있다[*].

---

[*] W. C. Kim, R. Mauborgne(1999), "Strategy, Value Innovation and the Knowledge Economy.", Sloan Management Review 40 (Spring), pp. 41-54.

그런데 기업은 성공을 경험하고 외형이 커질수록 모험을 기피하고 기존 자원과 역량에만 집착하는 경향, 즉 경영의 전 부문에서 도전적 시도가 위축되는 경향이 있다. 리스크가 높은 사업에 도전하는 것을 비난하거나 실패에 대한 책임 추궁도 신랄하다. 조직원들도 기존 방식에 의문을 제기하기보다는 보상 기회가 많은 과거의 성공방식을 답습하려는 경향이 있다. 실제 쿠퍼Robert G. Cooper의 연구[*]에 의하면, 1990~2004년에 S&P 500대 기업의 혁신 과정을 조사한 결과 기업의 규모가 커질수록 점핑의 비율이 낮은 것으로 나타났다.

기존의 기술이나 역량에 안주하게 될 경우 전략적 탐색 영역이 제한되어 새로운 기회를 발굴하는 것 또한 원천적으로 불가능하다. 과거의 성공이 가져다 준 지나친 자신감은 'NIH 신드롬[**]'이나 보신주의적 경향 등을 강화시켜 경쟁력 확보에 심각한 부작용을 일으킨다. 점핑에 대한 냉소적인 문화가 자리잡은 상황에서 조직 구성원들이 굳이 실패 확률이 큰 사업과 시도에 참여하지 않으려고 하는 현상은, 기업의 생존에 있어서 매우 심각한 문제이다.

따라서 CEO는 먼저 점핑을 꺼리는 것 자체가 기업의 조직 구성원들이 지닌 속성임을 인정하고 항상 점핑에 대해 신경 써야 한다.

---

[*] R. G. Cooper(2005), "Your NPD Portfolio may be harmful to your business health", PDMA Vision 24(January).
[**] 자신들이 직접 참여하지 않은 기술 개발, 성과에 대해 배타적이고 냉소적인 태도를 취하는 것을 의미한다.

점핑을 기존의 조직과 분리된 독립 조직 및 평가 시스템을 가지고 추진할 때 그 성공 확률이 높다. 이는 구성원들이 자발적으로 자신의 끼를 마음껏 발산할 수 있는 토대를 마련해 주는 것이 중요하다는 이야기이다. 실제 워킹과 점핑의 추진 조직을 분리 운영한 기업의 약 90%가 혁신적 제품 및 서비스를 출시하는 데 성공한 것으로 조사되고 있다[*].

점핑과 관련된 혁신은 기업수익의 원천이다. 실제 글로벌 100대 기업은 전체 사업의 14%를 점핑과 관련된 활동에 투입하였고 그 효과는 전체 수익의 61%인 것으로 나타났다[**]. 즉 한 단계 도약하는 대규모 혁신을 추구하는 것은 위험도가 높고, 장기적이고, 눈에 잘 띄지도 않지만, 결과적으로는 수익의 원천이 된다는 것이다. 그러니 점핑을 소홀히 하면 몰락에 이르게 되는 것은 당연한 일이다.

점핑을 통해 기업 경쟁력을 획기적으로 높인 사례는 많다. 콜라 시장의 예를 살펴보자. 그동안 줄곧 코카콜라의 아성에 눌려 2등의 자리만 지키고 있던 펩시가 2009년 들어 108년 만에 처음으로 코카콜라를 앞지르고 1등 기업으로 도약했다. 펩시와 코카콜라의 경쟁은 점핑과 워킹의 대결이라고 해도 과언이 아니다. 최근 음료

---

[*] C. A. O'Reilly III, M. L. Tushman(2004), "The Ambidextrous Organization", Harvard Business Review(April).

[**] W. C. Kim, R. Mauborgne(1999), "Strategy, Value Innovation and the Knowledge Economy.", Sloan Management Review 40 (Spring), pp. 41-54.

시장은 웰빙 열풍 때문에 탄산음료 부문이 위축되는 상황이었다. 이러한 상황에서 코카콜라는 탄산음료의 질을 높이는 데 몰두한 반면, 펩시는 새로운 사업을 꾀하는 데 많은 노력을 투입했다. 펩시는 스낵, 기능성 음료 등 새로운 부문에서 성장 동력을 찾기 시작했다. 전체 사업에서 탄산음료가 차지하는 비율이 코카콜라가 80%라면 펩시는 20%밖에 되지 않는다. 결과적으로 워킹에 치중한 코카콜라는 성장이 정체된 반면, 점핑을 시도한 펩시는 한 단계 성장할 수 있었다.

시어즈Sears의 사례도 워킹에만 치중하고 점핑을 경시한 나머지 쇠퇴의 길을 걷게 된 대표적 사례이다. 시어즈는 1970년대까지 미국 유통업계의 맹주로 군림해 왔다. 그들은 카탈로그를 통한 통신판매 사업으로 발판을 마련하고 미국 전역에 걸쳐 광범위하게 중산층 대상 쇼핑몰과 유통체계를 구축한 선구적인 기업으로 인정받았다. 이러한 거대 유통망을 관리하는 물류 시스템과 조직 구조는 경영의 모범 사례로 단골 연구 대상이기 되기도 했다.

그러나 1970년대 미국은 경기 둔화, 신흥 공업국들의 부상으로 인해 소득 수준이 양극화되기 시작했으며, 중소도시 저소득층의 소비욕구가 쌓여가고 있었다. 월마트Wal-Mart는 이러한 변화를 깨닫고 지방 중소도시를 중심으로 저가 할인매장을 확대해 갔다. 특화되는 소비자 니즈에 맞게 가정용품 전문 매장에 집중한 홈디포Home Depot도 계속해서 세력을 확장했다.

그러나 시어즈는 1980년대가 지날 때까지도 이들을 강력한 경쟁자로 여기지 않았다. 시어즈는 근본적인 변화를 간과한 채 부분적인 다운사이징, 자사 브랜드 제고, 매장관리 체계 개선 등의 작은 노력으로 문제를 해결하려고 했다. 부분적인 성과 개선의 조짐도 나타났으나 무서운 기세로 부상하는 경쟁 업체들에게 이미 상당한 시장을 잠식당한 뒤였다.

시어즈는 1990년대에 또 다른 변신의 기회를 놓치게 된다. 정보통신기술의 발전과 함께 찾아온 인터넷 전자상거래의 태동은 시어즈에게 매우 유리한 사업이었다. 그들에게는 한 세기 동안 카탈로그 통신판매 부문에서 쌓아올린 인프라와 노하우가 있었기 때문이다. 그러나 시어즈는 새로운 가능성을 모색하지 못하고 1996년 카탈로그 통신판매 사업을 접는다. '아마존닷컴Amazon.com'으로 성장할 수도 있었던 기회를 그대로 날려버리고 만 것이다.

그런데 여기서 한가지 명심해야 할 사실은 점핑과 관련된 활동에 과도하게 투자하다가 실패하면 기업 전체가 커다란 위기에 빠질 수도 있다는 점이다. 즉 점핑은 근본적으로 위험도가 높은 프로젝트이기 때문에, 무리하게 기업의 자원을 투입하였을 경우 회생 자체가 불가능해질 수 있는 커다란 위험성이 존재한다. 그러므로 가장 최선의 방법은 워킹과 점핑 중 어느 한쪽에 치우치지 않고 이들을 적절하게 조화시키는 것이다.

모토로라는 1990년대 초 이리듐 신규 사업에 막대한 투자를 단행했다. 이리듐 프로젝트는 단말기 하나로 전세계 어디에서나 통신을 가능하게 하기 위해서 72기의 위성을 발사하는 대규모 프로젝트였다. 무려 15개국에서 19개 업체가 이리듐 프로젝트에 47억 달러의 어마어마한 투자를 단행하였다. 그중 모토로라는 총 26억 달러를 투자하였는데, 당시 모토로라의 자산 규모가 47억 달러 수준이었다는 것을 감안하면, 이는 회사의 사활이 달린 무리한 투자였다. 결국 막대한 자원을 투자한 이리듐 사업은 실패했고 그로 인해 모토로라 전체가 위기에 빠져버렸다.

그후 모토로라는 기업문화의 변화를 모색하였다. 과거의 모토로라는 상향식 프로세스가 가장 잘 정착된 기업 중의 하나였다. 아래로부터의 자발적인 혁신이 그들의 모토였다. 그런데 이리듐 사업의 실패 이후 모토로라는 모든 사업에 대해서 위로부터의 통제가 가해지기 시작하였는데, 이러한 하향식 통제는 모토로라의 기존 기업문화와는 거리가 멀었다. 이리듐 프로젝트의 여파로 모토로라는 기업의 핵심 문화부터 우왕좌왕하게 되고 지금까지도 회복하지 못하고 있다.

워킹과 점핑을 구별하라

재미있는 것은 기업이 사업 다각화를 추진할 때 사업의 본질이 점핑인지 워킹인지 구분이 모호한 경우가 많다는 점이다. 기존의 기술과 핵심역량을 활용하면 크게 어려울 것 같지 않던 사업이었는

데도 막상 추진 과정에서 점핑으로 밝혀지는 경우가 종종 있다. 또 사업의 기획 단계에서는 워킹인 줄 알고 추진하였다가 실제 추진 과정에서 알고 보니 점핑인 경우도 비일비재하다. 이는 업의 본질을 잘못 알고 추진한 결과이다. 이러한 경우 기업에 막대한 피해를 입힐 수 있기 때문에 각별히 주의해야 한다.

실제 1990년대 초 맥도날드는 피자 사업에 진출하면서 이러한 판단 착오로 커다란 위기에 봉착한 적이 있다. 그들은 피자를 햄버거의 연관 상품으로 보고 자신들이라면 어렵지 않게 피자 전문점을 따라 잡을 것으로 생각하고 야심 차게 프로젝트를 추진하였다. 그런데 막상 사업을 시작하고 나니 온갖 문제들이 발생했다. 가장 큰 문제는 바로 '패스트푸드Fast Food'의 핵심인 30초 안에 뜨거운 피자를 고객에게 전달할 방법이 없었다는 것이었다. 피자를 햄버거와 같은 프로세스를 통해서 고객에게 전달하는 일이 그 당시 맥도날드의 기술로는 불가능했다. 결국 맥도날드는 피자 사업에서 고배를 마신 채 철수할 수밖에 없었다. 이는 무엇보다 자신들이 시도하려는 사업이 제조 방법 등에서 근본적인 혁신이 필요한 점핑임을 인지하지 못하고 성급하게 추진하다 실패한 사례이다.

한편 경쟁사가 점핑에 성공했을 때에는 주의 깊게 관심을 기울여야 한다. 실제 과점시장에서 기업에 가장 위협이 되는 것은 경쟁사의 점핑을 간과하는 것이라고 한다. 점핑과 관련된 프로젝트는 실패할 위험이 커서 대부분 시장에서 사장되어 버리는 경향이 있지만, 만약 경쟁사가 점핑을 통해 시장 침투에 성공했을 경우 기존 산업구조의 파괴로 이어질 가능성이 높다. 만약 이에 대한 아무런 대비책이 없는 가운데서 시장이 파괴되었다면 결국 자신의 기업도 시장에서 사라질 위기에 처할 수밖에 없다. 따라서 생존을 위해서는 경쟁사의 점핑과 관련된 프로젝트에도 관심을 가지고 꾸준히 대비책을 세워두어야 한다.

예를 들어 1960~70년대 세계 타이어 시장을 보자. 미쉐린Michelin은 기존의 타이어보다 수명이 두 배 이상 길고, 치명적 결함이나 펑크가 날 확률도 훨씬 적은 레이디얼 타이어 기술을 개발하여 유럽 시장에 침투하였다. 1960년대 미쉐린은 10%에 불과하던 레이디얼 타이어의 시장점유율을 75%까지 높였다. 이에 탄력을 받은 미쉐린은 미국의 대형 유통업체 시어즈에 레이디얼 타이어를 납품하기 시작하였고, 포드의 링컨 컨티넨탈에도 레이디얼 타이어를 장착시켰다.

이에 미국 3대 자동차 메이커 납품 시장에서 주도적인 기업이었던 파이어스톤Firestone은 미쉐린에 대한 대응책을 강구하기 시작했다. 그들은 레이디얼 타이어가 아닌 기존 타이어의 디자인을 보완한 제품을 가지고 적극적으로 마케팅을 하기 시작했고, 일시적으로 시장점유율을 높일 수 있었다. 하지만 기존 타이어와 성능면에서 크게 다르지 않다는 사실을 소비자가 깨닫기까지는 그리 오래 걸리지 않았다. 1972년 포드 및 GM이 전 차종에 레이디얼 타이어를 장착하겠다고 선언하자, 파이어스톤은 그때서야 좀 더 근본적인 대응책을 마련하였지만 이미 때는 늦은 상황이었다. 이에 반해 굿이어Goodyear는 파이어스톤과 대조적으로 적극적으로 레이디얼 타이어에 관한 신기술을 개발하고 적극적으로 대응한 결과 타이어 시장의 최강자로 등극할 수 있었다.

현재의 위치에 머물러서는 결코 성장할 수 없다. 기업을 경영하다 보면 바쁜 일상 속에 매몰되어 환경의 변화들을 놓치기 쉽다. 기업의 생존을 위해서 끊임없는 혁신은 필수이다.

지속적인 혁신을 위해서 기업은 워킹과 점핑에 적절한 자원을 배분해야 한다. 한쪽으로 치우치게 되면 기업의 생존을 위협할 정도로 치명적인 결과를 가져올 수 있다. 기업의 리더는 늘 워킹과 점핑을 조화롭게 추진하고 있는지 점검해 봐야 한다. 또한 자사의 혁신이나, 경쟁사의 혁신이 워킹인지 점핑인지 명확히 파악하고 적절히 대응하는 것이 중요하다. 기업이 살아남기 위한, 그리고 끊임없이 성장하기 위한 길이다.

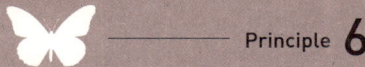

Principle 6

적절한 선별 메커니즘을 확립하라

적응의 원천은 무엇인가?

동물들의 행태를 보면 혹독한 환경 속에서도 놀라운 적응력을 보여주는 경우가 많다. 수천 킬로미터를 쉬지 않고 이동하는 철새들은 특유의 팔八자 형태로 열을 지어 나는데, 이것은 공기 저항을 가장 적게 하는 대형이라고 한다. 또 흰개미가 사막에 지은 흙집의 통풍 장치는 세계 최고의 건축가도 생각해 내지 못할 정도로 정교하고 완벽하다. 이런 놀라운 능력은 어디서 온 것일까? 그것은 수백, 수천만 년에 걸쳐 다양한 변이들이 등장하고 그중에서 자연선별이 이루어짐으로써 나타난 결과이다.

여기서 기업의 문제로 돌아가보자. 무엇보다 기업과 조직을 환경에 적응시키는 힘은 무엇일까? 그저 다양한 시도만으로는 부족하다. 자연에서처럼 그중 적합한 것을 선별해 내는 메커니즘이 존재해야 한다. 자연계에서는 끊임없는 생존경쟁과 세대간 유전을 통해 선별 메커니즘이 작동한다. 생존경쟁에서 살아남은 개체의 형질이 유전자를 통해 자손에게 전달되고 확산되는 것이다.

선별 메커니즘은 이처럼 선별과 보존을 모두 포함한다. 적합한 것이 살아남아서 그 개체 수를 증가시킬 수 있어야 한다. 다양한 시도만 있고 선별이 없다면 무질서만 남는다. 또 선별은 있는데 보존하지 않는다면 매번 처음 시작하는 것과 같아서 실질적 변화가 일어나지 않을 것이다.

기업생태계에서도 선별 메커니즘이 효과적으로 작동하는 예를 찾아볼 수 있다. 바로 실리콘밸리의 벤처클러스터이다. 1990년대까지만 해도 컴퓨터와 인터넷 기술을 중심으로 성장해 가던 이 지역은 이제 생명공학과 의약 분야의 중심지로 변모했다. 실리콘밸리의 놀라운 적응력의 원천은 무엇일까? 우선 수많은 벤처기업들을 떠올릴 수 있지만 그보다 중요한 것은 실리콘밸리에 존재하는 훌륭한 선별 메커니즘이라 할 수 있다. 바로 벤처캐피털이다.

실리콘밸리의 벤처캐피털은 단순한 자금 공급원이 아니다. 그들은 수많은 신기술과 아이디어 중에서 보다 적합한 것, 보다 니즈에 부합하는 것을 골라내는 선별자의 역할을 한다. 실리콘밸리의 각 벤처캐피털에는 평균적으로 연간 5,000건 정도의 사업계획서가 들어온다고 한다. 벤처캐피털은 그들 스스로 기술자, 사업가, 전문가들이기 때문에 이 많은 기술과 사업 구상을 선별할 수 있는 충분한 역량을 가지고 있다. 물론 이들 뒤에는 M&A 시장과 나스닥NASDAQ 시장이라는 또 다른 선별자가 존재한다.

벤처기업이 경쟁력 있는 제품을 내놓고 차별적인 기술역량을 지니고 있으면, 기존의 기업들이 이를 흡수하거나, 상장을 통해 더 많은 투자자들을 끌어들일 수 있다. 반면 이러한 기준을 충족시키지 못하면 기업은 청산되고 역시 이를 전문적으로 해체하여 순환시키는 시장이 존재한다. 즉 선별 메커니즘이 여러 층으로 형성되어 있는 것이다.

여기에 더해 선별 메커니즘의 또 다른 축인 보존의 관점에서, 혁신과 자유를 지향하는 실리콘밸리의 고유한 문화와 정신이 있다. 이를 바탕으로 긴밀한 인간적인 유대관계도 형성되어 있다. 긴밀한 인간관계 즉, 휴먼 네트워크를 통해 기술적 성과와 각종 정보가 공유된다. 최근에 주목을 끄는 현상 중 하나는 이른바 '런치 2.0'이라고 하는 문화이다. 이것은 각 기업에 고립되어 일에만 틀어박히기 쉬운 엔지니어들이 주변 다른 기업들의 식당을 찾아가는 등 자연스럽게 안면을 트고 인맥을 확대해 가는 것이다. 이는 선 마이크로시스템스의 엔지니어 두 명이 다른 회사 식당에 가서 점심을 먹은 데서 시작되었다고 한다. 이것이 발전되어 요즘은 페이스북, 트위터 등의 다양한 소셜네트워크 서비스SNS를 통해 번개 형식의 점심 모임으로 확대되고 있다. 이를 통해 실리콘밸리 내에서는 그 동안의 선별 과정에서 축적된 문화와 지식이 공동의 자산으로 보존되고 확산된다. 이러한 선별과 보존의 결합이야말로 실리콘밸리 진화의 원천이라고 할 수 있다.

선별 메커니즘을 구축한다는 것은 바람직한 행동을 억지로 강요하기보다는 자연스럽게 유도하는 것을 의미한다. 따라서 기계를 조작하는 것과 다르다. 진화의 원리를 사회와 조직에 적용하는 것은 선별 메커니즘을 적절하게 구축함으로써 시스템이 스스로 바람직한 방향으로 변화되어 가도록 만드는 것이다. 인위적으로 자금을 지원하고 창업지원센터를 만든다고 훌륭한 벤처기업이 나오는 것이 아니다. 그런 기업을 골라내고 그들에게 충분한 보상이 주어지는 환경만 갖추어지면 높은 기술력을 가진 벤처기업이 스스로 성장할 수 있다.

이처럼 선별 메커니즘은 적합도 지형에서 기업의 위치를 보다 분명하게 인지시켜 주고 이를 촉진시켜 주는 역할을 한다.

선별 메커니즘의 2가지 차원

기업 차원에서 이 선별에 대해 이야기한다면 내부적으로 구성원들의 행동이 바람직한 방향으로 선별되어야 할 뿐만 아니라, 외부적으로는 기업의 생존 가능성이 높아지도록 선별 환경에 영향을 미치고 이를 변화시켜 가야 함을 의미한다. 나의 적응력을 높일 수 있도록 내부적인 선별 메커니즘과 외부적인 선별 메커니즘이 균형 있게 구축되어야 한다.

내부적인 선별 메커니즘은 변화하는 환경에 대한 기업의 적응력을 높이면서도 시스템의 항상성을 유지하는 방향으로 이루어져야 한다. 이를 위해서는 구성원들의 자율적인 자체 조정, 또는 자체 선별이 이루어져야 한다. 의도적으로 위로부터 일방적으로 지시하거나 통제함으로써 조직원들의 행동을 선별한다면 조직이 경직될 수밖에 없다. 유연한 적응이 어려워지는 것이다.

대외적으로 선별 메커니즘을 수정하고 재구축하는 노력도 필요하다. 즉 주어진 선별 환경을 받아들이고 그것에 맞추어가는 것도 중요하지만 내가 도태되지 않도록 선별 환경을 변화시키는 것도 필요하다. 기업을 둘러싼 환경이 우호적인 것으로 구축되어야 기업의 생존 가능성도 높아지는 것이다. 이때 나의 생존이 다른 기업의 생존에 도움이 되는 상생의 생태계를 구축하는 것이 지속 성장을 위한 조건이다.

내부 선별 메커니즘의 구축

CEO의 계획과 지시에 따라 일사분란하게 움직이는 조직이 과연 적응력이 높은 조직일까? 절대 그렇지 않다. 끊임없이 진화하면서 환경 변화에 스스로 맞추어가는 조직이 진짜 적응력을 갖춘 조직이다. 그리고 이러한 적응은 내부에 훌륭한 선별 메커니즘을 갖추고 있을 때 가능하다.

훌륭한 선별 메커니즘을 갖추려면 두 가지 조건이 필요하다. 첫째 조직이 지키고 보존해야 할 것들의 결집체, 즉 조직의 가치와 문화이다. 이것이 정립되지 않은 조직은 무분별하고 방향성 없는 시도만 하다가 혼란에 빠지게 된다. 조직의 가치와 문화에는 그동안 축적한 적응력이 담겨 있다. 새로운 시도는 이미 갖추고 있는 적응력을 기반으로 할 때 좀 더 지속적인 개선을 이루어나갈 수 있다.

둘째 새로운 시도에 대한 독립적인 평가와 보상 시스템이다. 다양한 시도에 대해 올바르게 평가하고 선별하기 위해서는 기존 조직의 이해관계로부터 독립해야 한다. 즉 새로운 아이디어를 수집하고 평가하는 별도의 조직이 필요한 것이다.

잭 웰치는 1980년대에 경영난을 극복하기 위해 구조조정을 단행했다. 이때 능력과 기업 가치의 체화 여부에 따라 인력을 네 부류로 나누었다. 그중 구조조정의 첫번째 대상은 능력은 있으면서 기업 가치를 체화하고 있지 않은 부류였다. 이런 구성원들이야말로 조직에 제일 악영향을 미친다고 판단한 것이다. 이는 GE가 가치의 공유를 얼마나 중요하게 여겼는가를 잘 보여준다.

잭 웰치의 뒤를 이은 제프리 이멜트는 즉 '상상력의 도약 Imagination Breakthough'이라는 혁신 운동을 전개했다. 이는 모든 임원들에게 1년에 3건의 새로운 사업 아이디어를 제출하도록 하고, 이멜트 회장이 직접 주관하는 평가위원회에서 아이디어들을 평가해 그중 가능성이 있는 것은 별도의 조직을 만들어주는 제도다. 이같은 훌륭한 선별 메커니즘의 구축을 통해 GE는 끊임없이 변신하면서 100년 이상 성장을 유지할 수 있었다.

불확실한 경영환경 속에서 훌륭하게 적응하는 조직을 만들고 싶다면 일사불란한 조직을 만들기보다 먼저 훌륭한 선별 메커니즘을 갖춘 조직을 만들기 위해 노력해야 한다. 또한 조직의 가치와 문화를 정립하고 독립적인 평가와 보상 체계를 수립하라. 이처럼 훌륭한 선별 메커니즘이 갖추어지면 조직은 스스로 적응력을 갖춘 조직으로 진화할 수 있다.

외부 선별 메커니즘의 형성

적응은 주어진 환경에 수동적으로 나 자신을 맞추는 것만을 의미하지 않는다. 주변 환경을 변화시키고 주위 개체와의 관계를 새롭게 형성함으로써 나의 생존 가능성을 높이는 것도 적응이라고 할 수 있다. 비버는 나무로 둑을 만들어 강을 막음으로써 자신의 서식 조건을 스스로 만든다. 또한 많은 생물 종들이 서로 공생관계를 형성함으로써 서로의 생존을 돕는다.

기업 사이에도 경쟁관계를 무조건적으로 받아들이고 각자 생존을 위해 투쟁하기보다는, 다양한 협력관계를 모색하고 함께 생존하는 방법을 찾아가는 것이 유리할 수 있다. 나 혼자 살기 위한 전략을 모색하는 것이 아니라 경쟁업체, 협력업체, 수요기업 및 소비자 등을 생태계를 구성하는 개체로 보고 건강한 생태계를 구축하기 위한 방안을 모색해야 한다.

기업들이 거래관계로 연결되어 서로 경쟁하고 협력도 이뤄지는 양상은 마치 생태계의 모습과 닮았다. 이를 '기업생태계'라고 표현할 수 있다. 기업생태계는 수많은 기업들이 서로 연결되어 상호작용하는 공생공멸의 공동 운명집단이다. '기업생태계'라는 개념이 본격적으로 사용된 계기는 월마트, 도요타, 마이크로소프트와 같은 초우량 기업이 등장하면서부터다. 경영환경의 변화와 기술의 발전 속도가 빨라지는 가운데서도 지속적인 성장을 하고 있는 초우량 기업들의 비결을 공진화, 다른 기업과의 협력관계, 생태계간 경쟁 등의 개념에서 찾았던 것이다.

그럼 '상생의 기업생태계'는 어떻게 만들 수 있는가?

상생의 기업생태계를 만들기 위해서는 우선 기업생태계 내부에서 우리 기업의 위치를 명확하게 파악하는 것이 필요하다. 우리 기업이 생태계 중심에 위치하고 있는지, 변방에 위치하고 있는지, 또한 어떤 기업이 앞뒤에 위치하고 있는지를 파악해야 한다. 생태계에서 차지하는 위치에 따라서 기업의 역할과 전략이 결정되기 때문이다. 또 생태계를 주도하는 기업에 대해서는 자신의 기업과 직접적인 관계를 맺고 있지 않더라도 잘 파악해 두는 것이 좋다.

예를 들어, 월마트의 경우 실시간으로 고객별 구매 목록 같은 유용한 정보를 제공하는 구매 시스템을 구축하고 있다. 월마트와 관계를 맺고 있는 기업들, 즉 월마트를 중심으로 하는 기업생태계에 속한 다른 기업들은 생태계의 주도 기업이라고 할 수 있는 월마트의 시스템에 맞춰 자사의 전략을 수립해야 한다. 월마트는 물류시스템의 합리적 운영 및 잘 팔리는 제품과 지역에 집중하기 위해 공급업체와 판매 데이터를 공유하고 있다. 월마트를 중심으로 한 기업생태계에 속한 기업들은 왜 월마트가 이러한 판매 데이터를 공유하는지 그 근본 배경을 정확히 이해하고 자사의 전략을 수립해야만 한다.

기업생태계의 주도 기업이 지닌 성향과 전략에 조화를 고려하지 않은 채 단독으로 세운 전략은 상생적 관계를 형성하는 데 기여할 수 없을 것이다.

상생의 기업생태계를 만들기 위해 필요한 두 번째 조건은, 생태계 내 기업들 모두 함께 얻는 인센티브가 있어야 한다는 것이다. 만약 어느 한 기업만 인센티브가 있고, 다른 기업들은 일방적으로 부담만 진다면 그 기업생태계는 당연히 불안정할 수밖에 없다.

도요타와 GM의 경우를 보면 명확해진다. 도요타는 부품업체와의 관계 개선에 힘쓰는 데 반해, GM은 부품업체들에게 비용절감만 요구한다는 지적을 받고 있다. 여기서 도요타가 추구하는 관계 개선 노력이 바로 상생의 기업생태계를 만드는 인센티브이다. 예를 들어 도요타는 부품업체의 혁신적인 기술을 활용할 수 있어서 좋고, 부품업체는 확실한 고객과 적절한 수익성을 보장받으므로 기업생태계에 적극 합류하려고 한다. 따지고 보면 부품업체와의 협력관계에 기반을 둔 상생의 기업생태계를 구축한 덕분에 오늘의 도요타 생산 시스템이 탄생할 수 있었다.

끝으로 우리 기업과 관계를 맺고 있는 기업들을 잘 세분화하는 일도 상생의 기업생태계를 구축하는 데 꼭 필요하다. 거래나 협력 등의 기업간 관계가 하나의 기업에 너무 치우쳐 있는 것은 아닌지, 또는 너무 많은 기업들과 관계를 맺고 있어서 지나치게 비효율적이지는 않은지 살펴보아야 한다.

예를 들어 마이크로소프트의 경우를 보면 시스템통합업체, 시스템개발업체, 인터넷 서비스업체 등 다양한 기업과 관계를 맺고 있다. 마이크로소프트는 전략적으로 이들 기업과의 관계를 세분화함으로써 경쟁사의 기술혁신으로 인한 리스크에 대비하고 있다.

상생의 기업생태계 형성이 지속 성장의 원천

최근 아이폰의 성공도 플랫폼에 기반한 공급업자와의 상생의 네트워크 형성에 기반한다. 애플은 자사의 아이팟이나 아이폰에서 쓸 수 있는 콘텐츠를 직접 공급하는 것이 아니라, 온라인 거래소인 앱스토어를 만들고 거기서 콘텐츠 제작자들이 직접 판매하도록 하였다. 이 앱스토어는 개설 7개월 만에 2만 개의 응용프로그램이 등록되고 다운로드 건수가 5억 회를 넘을 정도로 큰 인기를 끌었다. 콘텐츠 판매수익의 30%를 가져가는 애플에게 이 앱스토어는 중요한 수익원이 되었을 뿐만 아니라 애플의 고객을 확대하는 중요한 기반이 되었다.

애플은 앱스토어라는 플랫폼을 제공하고, 다양한 협력회사들이 플랫폼에 맞는 각종 애플리케이션을 제공함으로써 부가가치를 창출한다. 또한 애플은 협력회사가 제공한 풍부한 콘텐츠와 어플리케이션을 바탕으로 아이폰의 고객들에게 양질의 서비스를 제공해 줌으로써 고객의 충성도를 높이게 된다. 앱스토어에서 콘텐츠를 구입하는 고객이 많을수록 더 많은 업체들이 다양한 콘텐츠를 공급하게 되고 이는 더 많은 고객을 유인하는 역할을 한다. 일종의 네트워크 효과가 창출되는 것이다. 이처럼 애플은 개방형 플랫폼을 통해서 협력업체와 상생하는 기업생태계를 성공적으로 구축함으로써 시장을 지배하고 있다.

상생의 기업생태계는 바로 기업의 경쟁력과 직결된다. 한 기업에서 모든 것을 다 하던 시대는 지났다. 언제나 함께한다고 생각하고 공동의 가치를 추구해야 한다. 잠시 숨을 고르고 다시 한 번 주변에 관계를 맺고 있는 기업들을 돌아보도록 하자.

Part
3
문제의 본질을 파헤치는 혜안의 원리
- 시스템 사고 경영 -

EMERGENT
CORPORATION

EMERGENT
CORPORATION

단선적 사고의 한계

대부분의 사람들은 어떤 문제를 해결하기 위해서는 그것의 원인을 찾아 제거하면 된다고 생각하는, 이른바 '원인 → 결과'의 단선적 사고에 익숙해져 있다. 하지만 이러한 단선적 사고에 기초하여 해결책들을 수립했다가 오히려 문제를 악화시키거나 새로운 문제를 일으키는 경우를 주위에서 종종 볼 수 있다.

1980년대 뉴욕 경찰이 벌였던 '마약과의 전쟁'이 그 일례이다. 당시 뉴욕 경찰은 마약 밀수가 증가하고 관련 범죄가 늘어나자 이를 저지하기 위해 대규모 작전을 벌여 마약 유통조직을 검거하였다. 그러나 처음의 기대와는 달리 마약 밀수나 관련 범죄가 줄어들기는커녕 오히려 확산되는 결과가 나타났다. 1984년 20만 명 수준이었던 마약 관련 범죄자 수가 1989년에는 약 60만 명으로 무려 세 배 가까이 증가하게 되었다. 어떻게 이러한 결과가 나타나게 된 것일까?

경찰이 적극적으로 마약 유통조직을 검거하자 마약 공급이 감소하였고, 그로 인해 마약의 가격이 올라갔다. 마약 중독자들의 수가 줄어들지 않은 상태에서 마약 가격의 상승은 중독자들로 하여금 마약 구입비를 마련하기 위해 더 많은 범죄를 저지르게 만들었다. 또한 마약 공급자들은 마약의 가격이 상승하자 더욱 대담하고 적극적인 방법으로 밀수에 나섰다. 결과적으로 뉴욕 경찰의 대규모 마약 유통조직 검거 작전은 도시 전체에 마약과 관련된 범죄를 확산시키는 결과를 가져왔다. 결국 배후의 구조를 보지 못한 채 눈앞의 현상에만 집착한 것이 문제를 더욱 악화시켰던 것이다.

기업 경영에서도 마찬가지이다. 흔히 기업들이 매출 증가를 위해 손쉽게 실시하는 가격할인 전략은 제품의 이미지를 손상시키고 기존 고객들이 이탈하게 만듦으로써 오히려 매출을 줄이는 결과를 불러온다.

1990년대 중반 애플의 경우가 대표적인 예이다. 당시 시장에 수많은 IBM PC 공급업체들이 등장하면서 PC산업에서 저가 경쟁이 본격화되었다. 이때 애플은 여기에 대응하기 위해 자사 PC도 30% 이상 가격을 인하하는 조치를 단행하였다. 그러나 이는 애플의 기존 고객들로 하여금 자신들이 고급 제품의 사용자라는 자부심을 잃게 만들었고, 결국 이들을 애플 PC로부터 멀어지게 만들었다. 판매 증가를 노린 가격 인하 전략이 오히려 판매 감소를 가져왔다.

사람들은 왜 이러한 단선적인 사고에 익숙해져 있는 것일까? 우선 인간은 문제 발생시 그 원인을 가까운 곳에서 찾으려고 하는 경향이 있다. 예를 들어 생산에 문제가 생기면 생산라인으로 눈을 돌리고, 판매가 부진하면 판매원에게 문제가 있다고 생각하여 이에 따른 즉각적인 해결 방안을 마련하려고 한다.

그러나 인간이 만들어내는 복잡한 시스템에서는 원인과 결과가 시간 및 공간적으로 가깝게 연결되어 있지 않은 경우가 더 많다. 일단 생산의 문제라면 생산라인뿐만 아니라 잘못된 보상 시스템으로 인한 종업원들의 의욕 상실이나 조직설계의 오류로 책임과 권한의 구분이 모호해진 상황 등이 원인일 수도 있다. 아니면 제품의 설계 변경에 따른 부품 수 증대와 공장 내의 혼잡화 등 여러 요인들이 다양한 경로를 통해 복합적으로 작용하여 발생할 수 있다. 판매 문제 또한 판매원 한 명만의 문제가 아니라 품질 문제의 발생, 가격 경쟁력 약화, 경쟁업체의 공세, 부정확한 판매 수요 예측과 이에 따른 공급 차질, 소비 위축, 경기 부진 등의 수많은 요소들이 상호작용한 결과로서 발생하기도 한다.

사람들이 단선적 사고에 빠지는 또 다른 이유는 사건 중심으로 현실을 보려는 경향 때문이다. 우리는 과정을 사건의 연속으로 보고 사건에 집착하는 경향이 있으며, 하나의 사건을 또 다른 사건들로 인해 발생한 것으로 이해하려고 한다. 예를 들어 조직 내에서의 관심은 전월 매출액, 새로운 예산삭감, 지난 분기의 수익, 승진과 해고, 제품의 배달 지연 등 일련의 사건들에 집중되어 있다. 그렇기 때문에 흔히 신문은 "오늘 다우존스 평균이 16포인트 떨어졌는데 이는 어제 낮은 4/4분기 성적이 발표되었기 때문이다."라는 식으로 보도한다. 그러나 이러한 설명은 사건의 뒤에 감춰져 있는 장기적인 변화의 패턴을 보지 못하게 함으로써 그 패턴의 원인을 이해하기 어렵게 만든다.

시스템 사고 경영은 단선적 사고에서 벗어나 경영의 문제를 전체 시스템 속에서 이해하고 해결책을 찾는 경영 방식을 가리킨다. 문제를 전체 시스템 속에서 보지 않으면 그 근본적인 원인을 알 수 없으며 올바른 해결책을 찾을 수도 없다. 즉흥적인 미봉책에만 의존하다가 문제를 더 키우게 되고 결국 상황은 더욱 악화되는 것이다.

그렇다면 시스템 속에서 문제를 바라본다는 것을 무엇을 의미하는가? 그것은 해당 문제와 직간접적으로 영향을 주고받는 요인들을 모두 고려하며 동시에 이들 사이의 상호 연결관계 속에서 문제의 발생과 전개를 살펴보는 것을 의미한다. 우리는 어려서부터 문제를 분리해서 보고, 세상을 부분부분 쪼개서 보도록 훈련받아 왔다. 물론 이는 복잡한 현실을 쉽게 다룰 수 있도록 하기 위한 것이다. 그러나 이러한 태도는 세상의 진짜 모습을 보는 것을 어렵게 만들었다. 각 부분을 합친다고 해서 진짜 모습이 드러나는 것은 아니다. 깨진 거울조각을 합쳐봐야 제대로 된 상을 볼 수는 없다. 처음부터 큰 거울로 사물을 비춰봐야 한다. 그래야 큰 그림을 볼 수 있다. 전체를 한번에 볼 수 있는 큰 눈이 필요하다.

시스템 사고 경영을 하기 위해서는 첫째 배후의 구조를 파악해야 한다. 어떤 문제를 그 자체로 분리해서 보는 것이 아니라 동태적인 변화 추이 속에서 이해하고 그것을 낳는 시스템의 구조를 파악해야 한다. 즉 사건 중심의 접근법에서 탈피해야 하는 것이다. 시스템의 구조는 피드백 루프의 결합으로 이루어져 있기 때문에 무엇보다 문제의 배후에 있는 다양한 피드백 루프들을 파악하려는 노력이 필요하다.

둘째 관계 속에서 문제에 대한 해답을 찾아야 한다. 대부분의 사람들은 문제의 해결책을 문제가 일어난 지점에서 찾으려고 한다. 그것은 흔히 인원을 교체하거나 자원을 투입함으로써 문제를 해결하려는 경향으로 나타난다. 그러나 문제의 원인은 구성 요소가 아니라 그들 사이의 관계에 있는 경우가 많다.

셋째 시뮬레이션을 활용해야 한다. 복잡한 시스템 속에서 어떤 해결책이 원하는 결과를 낳을지에 대해 사전에 알기는 매우 어렵다. 직접적인 영향만이 아니라 종합적인 결과를 파악하기 위해서는 가상으로 시스템을 작동시켜 봐야 한다. 이렇게 시뮬레이션을 해봄으로써 내적인 상호작용을 통해 어떤 결과가 나타날지를 시간의 흐름에 따라 추적하는 것이 가능해진다.

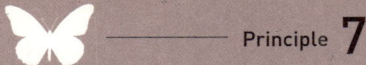

배후의 시스템 구조를 파악하라

현상에 대한 집착이 낳는 오류들

우리 주변의 세계는 복잡한 시스템으로 이루어져 있다. 다양한 구성 요소들이 서로 관계를 형성하고 영향을 주고받음으로써 전체적으로 커다란 질서와 변화를 만들어낸다. 그런데 우리는 흔히 어떤 현상의 배후에 있는 시스템과 구조에는 미처 눈을 돌리지 못하는 경우가 많다. 눈앞의 현상만을 보고 즉흥적으로 대응하다가 오히려 문제를 악화시키고 예상치 못한 파국을 맞게 되는 일이 흔하다.

유명한 영화 〈아라비아의 로렌스Lawrence of Arabia〉의 실제 주인공이며, 터키에 대한 아랍 민족의 독립전쟁을 이끌었던 로렌스 장군과 관련된 일화가 있다. 파리평화회의가 개최될 무렵, 그는 몇 명의 아랍 족장들을 회의에 초청하였다. 그들은 파리에 있는 한 호텔에 머물면서 사막에선 상상도 못할 최신식 건물이며, 전 세계 여러 나라의 유물이 소장되어 있는 박물관 등 놀랍고 신비한 것들을 보게 되었다. 마지막 날 아침, 이들과 로렌스 장군이 호텔 로비에서 만나기로 했는데 약속 시간이 훨씬 지나도 이들이 나타나지 않았다. 로렌스 장군이 이상하게 생각하여 방마다 확인하러 들어가 보았더니, 그들은 하나같이 세면대에서 수도꼭지를 빼내느라 진땀을 흘리고 있었다. 무슨 영문인지 몰라 묻자 그들이 이구동성으로 이렇게 답하는 것이었다.

"우리는 그 동안 파리에 머물면서 굉장한 건물, 박물관, 자동차 등 놀랍고 신기한 것을 많이 보았습니다. 그런데 우리에게 가장 신기한 것은 바로 이 수도꼭지입니다. 장군님도 아시는 것처럼 우리가 살고 있는 사막에서는 가장 귀한 것이 물입니다. 그런데 이 수도꼭지는 틀기만 하면 물이 나오니 이것 몇 개만 가지고 가면 사막에서 물 문제가 해결될 것입니다. 그러니 이 수도꼭지를 몇 개만 가져갈 수 있도록 해주십시오."

그들은 수도꼭지 때문에 물이 나오는 줄 알았다. 수도꼭지에서 물이 나오기 위해서는 그 배후의 취수원에서 시작해 정수시설과 배수관을 거치는 복잡한 상수도 시스템이 존재한다는 것을 몰랐던 것이다.

　아랍 족장들의 이러한 어처구니없는 행동은 결코 남의 이야기만이 아니다. 우리도 배후의 구조를 간과한 채 눈앞의 현상에만 매몰되어 어처구니없는 실수를 저지르는 경우가 많다.

　흔히 혁신적인 신생 기업들이 겪는다는 'Boom & Bust', 즉 급성장 후 몰락이라는 현상이 나타나는 것도 배후의 구조를 보지 못한 채 현상에만 집착한 결과라 할 수 있다. 대표적인 예가 저가항공사의 원조인 미국 피플 익스프레스People Express사의 경우일 것이다.

　피플 익스프레스는 1981년에 처음으로 미국 내 항공 서비스를 시작했다. 당시로서는 획기적인 저가항공 서비스 개념을 개발하여 기본 항공료는 아주 낮게 책정하고 대신 기내식과 화물 취급에 추가 요금을 부과하는 방식을 도입하였다. 사업 초기 피플 익스프레스의 비행기는 고속버스보다도 저렴하다는 이야기를 들으며 승승장구했다. 고객이 매년 두 배 이상 급증했고, 3년 만에 미국 내 5대 항공사로 성장했다.

　그런데 1984년부터 전혀 다른 상황에 놓인다. 급격히 이루어지던 성장이 정체되더니 고객 수가 줄기 시작하여 1986년에는 6개월간 1억 3천만 달러의 적자를 기록하면서 파산 직전까지 몰리게 되었다. 결국 텍사스 에어라는 다른 중소 항공사에 합병되고 말았다.

　피플 익스프레스에는 도대체 어떤 일이 벌어졌던 것일까? 왜 이 혁신 기업이 하루아침에 몰락의 길로 빠졌을까? 1983년 피플 익스프레스는 점점 빠르게 고객이 늘어나자 이에 대응하기 위해 비행기 운항 편수를 크게 늘렸다. 어찌 보면 당연한 대응이었다. 그런데 이것을 위한 관리 시스템은 손보지 않았다. 비행기 운항 편수가 급증하자 직원들의 부담과 피로도가 가중되었고 당연히 서비스의 질도 떨어졌다. 불친절한데다 티켓의 발매 지연, 중복 판매, 운항 지연 및 취소가 속출했다. 급기야 "People Express is People Distress.(피플 익스프레스는 인간의 고통이다.)"라는 말까지 나왔다. 즉 타는 것 자체가 고통이라는 것이다.

상황이 이렇게 되자 피플 익스프레스는 몰락의 길로 빠져들 수밖에 없었다. 이 회사는 눈앞의 고객 수 증가에 대응하기 위해 편수를 늘리는 데에만 골몰했지, 그 이면에 성장을 제약하는 요인들이 누적되고 성장을 떠받치던 기반이 침식되는 현상을 미처 보지 못했던 것이다.

현상에 집착해 배후의 구조를 보지 못하는 경우는 산업 차원에서도 나타난다. 경기순환에 따라 실적이 오르락내리락 하는 반도체나 LCD산업이 대표적인 예라고 할 수 있다. 공급이 부족해 가격이 오르면 업체들은 생산설비를 늘리기 시작한다. 설비가 가동되는 데는 상당 시간이 걸리기 때문에 그때까지 기업들의 경쟁적 설비 확장은 계속된다. 그런데 막상 이 설비들이 가동되기 시작할 즈음이면 적정 수준 이상으로 공급 능력이 확장돼 공급 과잉의 국면이 발생한다.

그렇게 되면 가격은 폭락하고 투자가 위축되며 다시 공급 부족 국면이 온다. 수요와 가격, 투자와 공급이 하나의 시스템을 형성하고 있고 이들이 서로 영향을 주고받으며 전체적으로 경기순환이라는 변화를 낳고 있는 것이다.

이러한 하나의 시스템에 속해 있는 기업이 그때그때의 가격 변화에만 집착하고 그에 대응하여 투자 의사 결정을 내린다면, 결국 산업의 경기순환에 따라 기업의 실적도 부침을 거듭할 수밖에 없다. 특히 여기에 과도하게 대응하다 보면 산업 침체기에 실적 악화를 견디지 못해 퇴출의 운명을 맞기도 한다.

기업들이 시스템의 전체 구조를 보지 못하는 이유는 현실을 그때그때 일어나는 사건 중심으로 보는 데 익숙해져 있기 때문이다. 이런 사건 위주의 사고는 여러 방식으로 나타난다. 예를 들어 반도체 가격 하락에 대해, "지난 달 반도체 가격이 10퍼센트 떨어졌는데, 이는 대만의 업체들이 결산기를 맞아 재고 축소에 나섰기 때문이다."라는 식으로 분석한다. 이는 하나의 변화 흐름을 사건의 연속으로 이해하고 이를 또 다른 사건으로 설명하는 방식이다. 이러한 설명은 사건의 뒤에 감추어져 있는 장기적인 변화의 패턴을 보지 못하게 하고 그 패턴의 근본 원인인 시스템의 구조를 이해할 수 없게 만든다.

이와 같은 사건 중심의 사고방식은 기업 경영에서는 현재 상황이나 현재의 실적에 집착하는 형태로 나타나기도 한다. 기업들이 당장의 실적 변화나 지표 변화에만 관심을 집중하고 그것에 대응하는 데에만 온 힘을 기울이는 것이다.

사업을 비롯한 인간의 여러 행위들은 자신과 연결된 다른 사람들의 행동과 짜인 구조underlying structure에 밀접하게 결합되어 있다. 이 때문에 우리는 객관적인 입장에서 전체적인 변화의 패턴을 보기가 어렵다. 단지 어떤 특정한 방식으로 행동할 수밖에 없게 만드는 일종의 강제력이 작용한다고 느낄 뿐이다. 그러다 보면 대부분의 사람들은 그저 거대한 시스템 속에서 미지의 힘에 의해 자신은 불가항력적으로 원하지 않는 결정을 내리고 행동하기도 한다.

이처럼 구조에 의해 사람의 행태가 결정되는 것을 보여주는 좋은 사례가 모의 교도소 실험이다. 1973년 심리학자 필립 짐바르도 Philip Zimbardo는 스탠퍼드 대학의 심리학과 건물 지하에 모의 교도소를 만들고 학생들을 임의로 나누어 교도관과 죄수 역할을 수행하도록 하였다. 실험이 시작되자 처음에는 대수롭지 않는 규정을 위반하거나 관대한 제재를 주고받는 정도였지만 곧 상황은 상승작용을 일으키기 시작했다. 점차 폭력적인 저항과 권한의 남용이 급증하였으며 통제 불가능한 상황에 빠져들기 시작했다. 결국 학생들이 심리적 압박과 공포, 정신병 증상 등을 보여 예정했던 기간보다 훨씬 짧은 6일 만에 실험을 끝낼 수밖에 없었다.

이 실험 과정에서 평소에 동료와 친구로서 가깝게 지냈던 학생들이 특정 시스템에 들어가자 전혀 다른 행태를 보였다. 결국 구조가 행태를 규정한다는 사실을 알 수 있다. 동일한 시스템 안에 있으면 비록 사람이 바뀌어도 비슷한 행태와 결과를 보여준다. 그러니 조직 내에서 어떠한 현상이 발생했을 때 시스템의 구조를 이해하지 못한 채 그 구성원만 탓해서는 아무런 소용이 없다.

사건들을 하나의 이야기로 엮어라

배후의 구조를 파악하기 위해서는 흩어져 있는 현상과 사건들을 한데 엮어서 구조 차원에서 하나의 이야기로 파악하는 것이 필요하다. 이러한 과정에서 3개의 차원을 구별해야 하는데, 바로 사건, 패턴, 구조의 차원이다. 인터넷 통신 장비 업체인 A사의 문제 파악 과정을 통해 기업이 어떻게 사건 중심의 사고방식에서 구조적 인식의 차원으로 나아가는지 살펴보자.

우선 첫 번째인 사건 차원에서 A사에 발생한 문제를 들여다보자. A사는 1991년부터 2년 간 매출 감소로 어려움에 직면하였다. 임원회의에서 이에 대한 다양한 원인 진단과 처방이 제시되었다. 영업 사원을 늘리고 실적에 따른 인센티브를 더욱 강화해야 한다는 주장, 가격 인하와 할인 프로그램을 통해 판매를 촉진해야 한다는 주장 등이 쏟아져 나왔다. 한편 생산담당 임원은 특별 주문이 많아서 정상적인 생산 일정을 유지하기가 어렵고 생산과정에 기술적인 문제를 일으키고 있다, 좀 더 여유 있는 생산을 위해 설비에 자원을 투입해야 한다고 주장하였다. 고객 서비스 담당 파트에서는 납품 기일을 단축하는 것과, AS 체계를 개선하는 것이 필요하다는 주장을 펼쳤다.

A사의 CEO는 이러한 다양한 문제를 모두 해결하기 위해 전사적으로 열심히 노력하기로 하였다. 그러나 수익과 매출은 오히려 더 악화될 뿐이었다.

수개월이 지난 후 다시 임원회의가 열렸다. 그들은 그때까지 자신들이 해왔던 대로 서로 분리된 원인들을 각각 나열하는 것이 아니라, 핵심 변수를 택해서 이것의 추이를 3~4년 거꾸로 추적함으로써 시스템의 동태적 패턴을 파악하려고 시도하였다. 이 과정에서 서비스 문제가 점점 심각해져 왔음을 알 수 있었다. 1980년대부터 납품 지연이 나타나기 시작하였고, 1990년대 들어서는 이에 더해 대금 청구 오류가 나타나기 시작했으며 그 다음에는 고객 서비스 직원들로부터 업무 과중에 대한 불만이 나오기 시작했다. 새로운 대금 청구 시스템 구축과 교육이 행해지고 배달 체계의 개편 등이 시도되었지만 고객 서비스 문제는 계속 증가하였다. 한편 매출은 1980년대 정체를 지속하더니 1991년경부터 급속히 감소하기 시작하였다. 영업 사원을 보충하고 판매 강화 활동을 벌였지만 사정은 그다지 나아지지 않았다.

여기에 사태 전개의 배경을 설명해 주는 또 다른 변수의 추이가 있었는데, 그것은 새로운 고객 확보를 위해서 영업 사원이 투입하는 시간이었다. 이 수치는 그 동안 지속적으로 증가하여 두 배 이상에 도달해 있었다. 결국 매출의 급속한 하락 이면에는 서비스 문제의 악화와 신규 고객 확보를 위한 노력 확대가 함께 진행되어 왔음을 알 수 있었다.

A사의 CEO는 이 두 변수의 추이가 이전에는 간과하였던 방식으로 서로 영향을 주고받고 있는 것이 아닐까 하고 생각하였다. 매출이 줄 때마다 새로운 고객 확보를 위해 회사 내에서는 노력이 배가되었다. 이들 요인들 사이에 상호연관이 있을 것이라는 인식은 판매 감소라는 문제를 시스템 차원에서 파악하는 단초를 제공하였다. 가장 먼저 A사는 매출이 목표에 미치지 못하게 되자 고객 확보를 위해 추가 서비스와 혜택을 약속하기 시작하였다. 장비의 색을 고객이 원하는 대로 칠해주었으며 거리가 아무리 멀어도 특별 차편을 동원하여 배달하였다. 그런데 이는 생산 및 배달 시스템에 부담을 주었다. 그러면서 점차 고객 서비스 시스템에 혼란과 무질서가 가중되었다. 물론 이러한 고객 서비스 악화가 즉각적으로 판매 부진을 낳았던 것은 아니다. 하지만 눈에 보이지 않게 지속적으로 고객의 불만을 누적시키는 역할을 하였다. 그리고 마침내 일정 한도를 넘어서자 고객은 더 이상 참지 못하고 A사를 떠나기 시작했다.

그런데 이에 대한 대응으로 A사는 새로운 고객 확보에 더 많은 노력을 기울였고 그것은 서비스 문제가 계속 악화되는 결과를 불러 일으켰다. 결국 판매는 더 줄어들고 또다시 회사는 신규 고객 확보에 더욱 열을 올리는 악순환이 계속되었다.

A사가 이렇게 할 수밖에 없었던 데에는 목표 대비 실적에 따른 보상 시스템을 운영하고 있었기 때문이다. 즉 구성원들이 판매 목표의 달성에만 급급하다 보니 구조적으로 문제가 악화되는 현상을 보지 못했던 것이다.

결국 매출 감소의 원인은 영업사원의 문제도 서비스 팀의 문제도 생산 라인의 문제도 아니었다는 것이 드러났다. 시스템의 문제가 지속적인 판매 감소라는 악순환을 만들어냈던 것이다. 이에 대한 해결책은 결국 시스템의 변화를 통해서 찾을 수밖에 없었다. A사의 CEO는 새로운 방침을 마련하였다. 그것은 새로운 고객을 확보하기 위해 특별 혜택을 주던 방침을 금지하는 것이었다. 그리고 새로운 고객이 아니라 과거의 고객을 다시 확보하는 데에 인센티브를 주는 것으로 보상 시스템을 바꾸었다. 일부 인력과 자원을 판매 부문에서 고객 서비스 부문으로 이전하고 판매 목표를 수정하였다. 이를 통해 A사는 예전의 고객을 되찾아오면서 매출을 회복할 수 있었다.

위의 사례에서 보듯이 우리는 사물을 변화의 과정 중에 있는 것으로 파악하고 전체적인 변화의 패턴을 살펴보아야 한다. 어떤 특정 사건에 주목하는 것이 아니라 그 사건들이 시간순으로 연결되어 장기간에 걸쳐 나타내는 하나의 추세를 보아야 하는 것이다.

이러한 동태적 패턴과 추세를 파악해야만 그것을 낳은 시스템의 구조를 파악할 수 있다. 이때 패턴의 파악은 시스템의 구조를 이해하기 위한 중요한 관문이다.

또한 문제를 제대로 이해하기 위해서는 개인의 실수나 불운을 탓할 것이 아니라 그 너머에 있는 현상을 주목할 필요가 있다. 즉 개개의 인물이나 사건에만 얽매여서는 안 된다는 것이다. 개인의 행동을 형성하고 특정 유형의 사건들을 만들어내는 배후의 구조에 눈을 돌려야 한다. 시스템 구조는 우리의 행태에 다각도의 영향을 미치는 핵심 요소라는 사실을 항상 기억해야 한다.

피드백 루프를 발견하라

시스템적 관점은 요인들간의 연결 관계를 원인과 결과의 단선적인 형태로 파악하는 것이 아니라 연결 관계의 고리들로 파악하는 것이다.

흔히 볼 수 있는 '가격 전쟁'의 경우를 보자. 시장에서는 1위 자리를 놓고 맞수 기업끼리 치열한 경쟁을 벌이는 경우가 많다. 특히 경기가 위축되는 상황에서는 이러한 경쟁이 흔히 가격 경쟁으로 이어지곤 한다. 시장이 전체적으로 위축되는 상황에서 매출을 유지하기 위해서는 가격을 인하할 수밖에 없고, 한 기업의 가격 인하는 다른 기업의 대응을 유발하면서 상승작용을 일으키게 된다. B사가 가격 인하 조치를 내리면 A사는 시장에서 자신의 지위에 위협을 느끼고 덩달아 가격을 내릴 수밖에 없다. A사의 가격 인하는 이전 B사의 매출 확대 노력을 무위를 만들고 오히려 B사로 하여금 점유율 감소에 대한 위협을 느끼게 만든다. 이러한 위협에 대한 대응으로 B사는 가격 인하를 단행하게 된다. B사의 행동은 다시 A사의 추가 대응을 불러일으킨다. 이 때 두 회사는 상대방의 행동이 나의 대응에 대한 원인이라고 생각한다. 양사의 입장은 다음과 같다.

- A사 : B사의 가격 인하 → A사의 점유율 하락 → A사의 가격 인하 필요성 증가
- B사 : A사의 가격 인하 → B사의 점유율 하락 → B사의 가격 인하 필요성 증가

그러나 두 기업의 단선적 관점은 일정한 원, 즉 피드백 루프를 통해 서로 영향을 주고받는 변수들의 집합으로서 하나의 '시스템'을 만들어낸다.

〈그림 3-1〉을 보면, B사의 가격 인하로 인한 위협에 대해 A사 역시 가격 인하로 대응하고, 이것이 다시 B사의 가격 인하 대응을 유발하여 두 회사가 끝도 없는 가격 인하 경쟁에 빠져드는 악순환을 되풀이하게 만든다. 결국 상대방의 행동으로 인해 나의 대응이 일어났지만, 이러한 나의 대응이 다시 상대방의 행동에 영향을 준

| 그림 3-1 가격 인하 경쟁의 피드백 루프 |

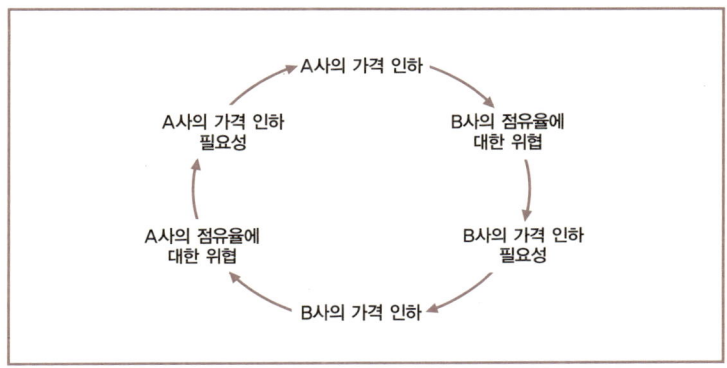

다. 결국 순환적으로 연결되어 있는 것이다. 이러한 자체의 피드백 루프에 의해 동태적인 변화가 만들어진다.

이러한 악순환을 되풀이하지 않기 위해서는, 각 회사가 단순히 지금 경쟁사가 가격을 얼마나 내렸는지에만 골몰하여 대응하는 것은 결코 바람직하지 않다. 과거 경쟁사의 가격인하가 어떤 패턴으로 이뤄졌는지에 주목하여 전체적인 변화 패턴과 그것을 낳는 시스템 구조를 파악하고 이에 맞는 근본적인 해결 방안을 모색하여야 한다.

그러면 동태적인 변화의 패턴을 낳는 시스템의 구조에는 구체적으로 어떤 것이 있는가? 시스템의 동태적 변화는 피드백 고리에 의해 만들어진다. 피드백 고리는 강화피드백reinforcing feedback 고리와 조절피드백balancing feedback 고리로 나뉜다. 강화피드백은 여러 요인들 사이에 서로가 서로를 강화·확대시키는 연결관계의 고리가 형성되어 있는 경우이다[*]. 이를 표현하는 다른 말로는 '눈덩이 효과', '선순환과 악순환', '빈익빈 부익부' 등이 있다. 강화피드백이 존재할 때에 시스템은 기하급수적으로 성장하거나 기하급수적으로 악화되는 변화 패턴을 보인다.

강화피드백의 예로 작은 루머가 기업의 도산을 초래하는 경우를 들 수 있다. 근거 없는 작은 루머가 발생했을 때 그에 대한 대응을 소홀히 하면 그것은 금세 눈덩이처럼 불어나고 실제 기업의 실적을 악화시켜 기업을 몰락으로 이끈다. 루머로 인한 신뢰도의 손상이 투자자의 투자 기피를 불러일으키고 이는 자금난과 경영 악화를 초래하며 신뢰도를 더욱 저하시키는 악순환이 발생하기 때문이다.

한편 강화피드백에는 바람직한 변화를 강화시키는 '선순환'도 존재하는데 입소문에 의해 신제품 구입이 급속히 증가하는 경우가 이에 해당한다.

조절피드백이란 어떤 한 요인의 변화가 일어날 때 다른 요인들의 반작용을 통해 그것을 억제시키는 쪽으로 영향이 되돌아오는 연결 고리가 형성되어 있는 경우이다[**]. 조절피드백은 생물의 자

---

[*] 앞서 1부에서 이야기한 '양의 피드백'에 해당한다. 시스템 사고에서는 '양(positive)'이 주는 오해를 피하기 위해 좀더 가치중립적인 '강화'라는 표현을 주로 쓴다.
[**] 앞서 1부에서 이야기한 '음의 피드백'에 해당한다. 이 역시 가치중립성을 위해 '음(negative)' 대신 '조절'이라는 표현이 주로 쓰인다.

율신경계나 기계의 자동제어장치와 같이 외적인 변화에 대해 항상성을 유지시켜 주는 역할을 하지만, 다른 한편으론 톡톡 튀는 변화가 필요할 때 그것을 가로막는 역할을 하기도 한다. 조절피드백이 있을 때 시스템은 균형 상태로 수렴하는 행태를 보인다.

기업 경영에서 변신과 개혁이 어려운 이유는 대개 이러한 조절피드백이 존재하기 때문이다. 이들은 대부분 암묵적이고 감추어져 있어서 사람들이 잘 인식하지 못하는 경우가 많다. 유능한 리더는 변화에 대한 저항을 극복하기 위해서 강하게 밀어부치는 대신, 저항의 원인인 숨겨진 조절피드백을 찾아서 그것을 약화시키는 데 주력해야 한다.

이 조절피드백에 의해 시간 지연이 발생하면서 시스템의 행태는 부침을 반복하는 불안정한 모습을 드러낸다. 여기서 시간 지연이란 어떤 요인의 변화가 다른 요인에 영향을 미칠 때 그 효과가 일정한 시간이 지난 후에야 나타나는 경우를 말한다. 기업에서 이러한 예로는 주문 적체와 재고 누적이 반복되는 경우를 들 수 있다. 주문이 적체될 때 각 기업은 투자를 늘려 설비 확대를 꾀하지만 설비가 완공되어 공급량이 증가하기까지는 시간이 걸리므로 주문은 계속 적체된다. 그로 인해 투자는 적정 수준을 초과해서 계속 늘어난다. 공급량이 늘어나서 재고가 쌓이기 시작하면 투자가 감소하지만 그 효과가 실제로 나타나는 데에는 시간이 걸리므로 투자의 감소도 적정 수준을 넘어 더 감소하게 된다. 따라서 주문 적체와 재고 누적의 반복 현상이 나타나는 것이다.

지속 성장의 열쇠

현실의 시스템에는 강화피드백과 조절피드백이 함께 존재하며, 둘 사이의 주도권이 어떻게 변해가느냐에 따라 시스템의 동태적 변화 패턴이 결정된다. 바꿔 말하면 강화피드백과 조절피드백을 잘 조절함으로써 시스템의 동태적 변화 패턴에 영향을 줄 수 있다.

이를 기업의 지속 성장 문제에 적용시켜 보자. 기업의 성장을 지속시키기 위해서는 2가지 열쇠가 필요하다. 첫째 성장 엔진을 창출하는 것이고, 둘째 성장 제약 요인을 제거하는 것이다. 성장 엔진이란 일련의 전략이 강화피드백 고리를 형성하여 지속적으로 향상하고 이의 가속화가 이루어지는 것을 말한다. 이러한 성장 엔진을 창출하기 위해서는 '무엇이 점점 더 좋아지도록 만드는가?', '현재의 개선이 보다 큰 개선으로 연결되기 위해서는 어떻게 해야 하는가?'에 대한 해답을 찾아내야 한다.

성장 제약 요인이란 성장에 제약을 가하는 병목bottlenecks 요인들을 뜻한다. 성장이 지속되기 위해서는 이들 병목 요인들을 사전에 제거하거나 최소화해야 한다. 이 요인들은 대부분 성장 그 자체에 의해 만들어지는 경우가 많다. 이는 과정들간의 불균형(예: 제품 개발과 납기 준수 사이의 불균형)과 과정 자체에 내재한 병목(예: 신속한 제품 개발에 따른 테스트 업무의 과중화)으로 나누어볼 수 있다.

지속적 성장이 가능하기 위해서는 2가지 열쇠를 모두 갖추어야만 한다. 병목들을 제거하지 않고 성장 엔진만 가속시킬 경우 한동안의 성장 후 정체 혹은 급속한 몰락이라는 패턴을 따르게 된다. 앞에서 살펴본 피플 익스프레스 사의 경우가 여기에 해당한다. 또 성장 엔진을 구축하려는 노력 없이 제약 요인들의 제거에만 치중할 경우 제대로 된 성장이 일어나지 못할 뿐만 아니라 제약 요인들이 끊임없이 재발한다. 이 경우에는 간헐적인 성장을 보이나 전체적으로는 정체에 머무는 패턴을 보인다. 보수적인 경영 행태를 보이는 기업들은 대부분 이러한 모습을 나타낸다.

인텔은 지속 성장을 위한 이 2가지 열쇠를 적절히 활용하면서 장기간 성장을 유지해 온 기업이다. 그들이 성장 엔진을 창출한 과정은 다음과 같다. 인텔의 경우 3가지 과정이 강화피드백 고리를 형성하며 성장을 낳았다. 첫째는 신속한 제품 개발 및 출시이다. 신제품 개발과 신설비 도입에 엄청난 자원을 투입하여 신제품 출시 주기를 단축시킴으로써 높은 가격에 기초한 고수익을 얻고, 이를 다시 신제품 개발과 설비 구축에 투자하였다. 둘째는 능동적인 가격 인하이다. 신제품이 출시되었을 때 구제품의 가격을 크게 떨어뜨림으로써 경쟁사들이 가격을 낮추도록 압박하고 그럼으로써 그들이 R&D와 설비 구축에 투자할 충분한 여력을 갖추지 못하도록 하였다. 셋째는 지속적으로 새로운 수요를 자극한 것이다. 인텔은 마이크로프로세서의 성능에 비해 고객들의 니즈가 뒤처지는 것을 막기 위해 통신기기와의 연결 인터페이스, 멀티미디어 소프트웨어 가속기 등을 결합해 나갔다.

다음으로 인텔은 자신들의 지속적 성장에 제약을 가하는 요인들을 찾아내어 제거했다. 사양이 더욱 복잡해진 CPU 제품이 연이어 출시되자 PC업체들이 이에 맞추어 PC를 설계하기가 점점 어려워져 신제품 출시와 확산에 걸림돌로 작용하기 시작하였다. 이에 대응하여 인텔은 자신들의 고성능 마이크로프로세서에 대한 적응을 쉽도록 해주는 부품들(칩셋이나 주기판)을 공급함으로써 PC업체들의 제품 개발을 용이하게 만들었다. 이 전략은 성장의 걸림돌을 제거하였을 뿐만 아니라 PC업체들의 인텔에 대한 의존성을 더욱 강화시켜 표준 설정자로서의 지위를 한층 더 공고하게 만들었다.

변화의 패턴을 파악하라

표면적인 사건만을 보고 즉흥적으로 대응하는 실수를 피하고 성장을 지속할 수 있는 방법은 무엇일까? 무엇보다 실적과 수치보다는 변화의 패턴에 주목해야 한다. 이에 비하면 당장의 고객 수 증가나 가격 상승은 상대적으로 덜 중요하다. 앞에서 살펴본 피플익스프레스 사의 경우 자신의 실적을 변화의 패턴 속에서 보고 그 패턴을 낳는 근본 원인이 무엇인가를 고민했다면 즉흥적인 대응이라는 함정에 빠지지 않았을 것이다. 전체적인 변화의 패턴에 주목을 하게 되면 그것을 낳는 시스템과 구조가 보인다.

우리는 시스템 속에서 그에 매몰된 채 행동하는 것이 아니라 시스템 위에서 전체를 조망하며 행동해야 한다. 변화의 패턴을 파악하고 그것을 낳은, 그리고 그 배후에 존재하는 시스템을 볼 수 있어야 한다. 이럴 때 비로소 현실에 대한 올바른 이해와 대응이 가능해진다.

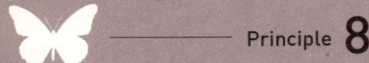

Principle 8

관계 속에서 해답을 찾아라

경험과 직관의 함정

기업의 경영활동에서는 여러 가지 난해한 문제들에 직면하게 마련이다. 이러한 문제들은 대부분 매우 복잡해서 어디서부터 해결점을 찾아야 할지 곤란에 빠지는 경우가 많다. 가장 증상이 심각해 보이는 어느 한 부분에 집착하여 문제를 해결하려 할수록 문제가 더욱 꼬이기도 한다. 또한 많은 경영자들은 이러한 문제를 알렉산드로스 대왕이 고르디아스의 매듭 Gordian Knot*을 과감하게 잘라버렸듯이 직관에 의존해 단칼에 해결하려는 경향이 있다.

 직관에 의한 직접적이면서도 명쾌한 해결책의 이로움을 전면적으로 부정하기는 힘들다. 인간 두뇌에서 일어나는 고도의 사고 흐름은 순간적으로 번뜩이는 해결책을 만들어내는 데 적당하다. 컴퓨터처럼 길고 복잡하고 꼼꼼한 연산을 수행하기에는 적합하지 않아도, 오랜 경험과 숙련의 바탕에서 나오는 직관은 놀라운 힘을 발휘할 때가 많다.

그러나 문제는 이러한 직관의 함정 또한 만만치 않다는 점이다. 경영 현장에서 부딪히는 광범위한 시스템적 문제들을 아우를 만큼 충분한 지혜와 경험을 갖춘 사람은 사실 그리 많지 않다. 대부분의 사람들은 그 일부분에서 터득한 경험을 바탕으로 섣불리 이를 일반화하여 판단하려는 경향이 있다. 이런 약점을 인지하지 못하고 손쉬운 해결책만을 고집하면 끝내 문제의 변죽만을 울린 채 본질에 접근하지 못할 수 있다. 자칫 고르디아스 매듭에 관련된 예언대로 잠시 '아시아의 왕'이 되었지만 이를 지키지 못하고 요절한 알렉산드로스 대왕의 신세가 될 수도 있다.

경험을 지나치게 일반화하거나 즉각적으로 해결책을 추구했을

---

* '복잡한 문제를 단칼에 해결하는 것'이라는 의미로, 다음과 같은 설화에서 유래되었다. 옛 프리기아(지금의 터키 지역에 위치)에서는 우마차를 끌고 가던 시골뜨기 고르디아스가 신탁에 의해 왕에 등극하였다고 한다. 고르디아스는 그 답례로 우마차를 신에게 바치고, 수도 고르디움의 신전 광장에 이를 매우 복잡한 매듭으로 단단히 묶어놓았다. 기원전 333년, 동방원정 중에 고르디움에 들어선 알렉산드로스 대왕은 이 마차를 발견했다. 당시 이 매듭을 풀어낸 사람이 소아시아의 왕이 될 것이라는 예언이 전해져 오고 있었다. 이에 대왕은 이 매듭을 풀려고 했으나 뜻대로 되지 않자 칼로 매듭을 잘라 버렸다. 결과적으로 대왕은 페르시아 제국을 정복하고 패자가 되었으니 예언은 실현된 셈이었다. 그러나 변칙적인 방법으로 풀어냈기 때문에 영토를 오래 지켜내지 못하고 요절했다고도 한다.

때 일어날 수 있는 역효과는, 기업들이 여러 차례의 글로벌 불황에 대응해 온 과정들에서도 발견된다. 새로운 21세기를 맞는 시점에 3M이 봉착했던 문제가 하나의 예가 될 수 있다.

2000년 12월 5일, 창사 100여 년 만에 3M은 CEO를 외부에서 영입하는 결단을 내리고, GE 출신의 제임스 맥너니James McNerney를 CEO로 임명했다. 당시는 3M으로서 새로운 자극이 필요한 시점이었다. 1990년대 말 아시아 금융위기로 인해 아시아 지역의 실적이 급감했고, 주가는 호황 속에서도 꿈쩍도 하지 않았다. 게다가 자유로운 사풍이 경영에 대한 지나친 방만과 비효율을 낳았다는 인식이 주주들 사이에 팽배해 있었다.

주주들의 선택은 고르디아스의 매듭을 자르듯 명료했다. 1990년대 최고의 성가를 구가하던 GE의 잭 웰치 전 회장의 전례를 따라 3M에도 효율화의 바람을 일으키자는 것이었다. 이런 상황에서 잭 웰치의 열렬한 추종자이던 제임스 맥너니를 선택한 것은 당연한 수순이었다. 맥너니는 부임 즉시 전 직원의 11%에 해당하는 8천여 명을 해고하는 것을 시작으로, 보다 효율적인 3M 조직 만들기에 앞장섰다. 지출을 꼼꼼히 따지고 식스시그마의 전면 도입을 통해 효율성 극대화에 나섰다. 그 결과 맥너니는 재임 5년여 동안 연간 22%에 달하는 순익 상승률을 달성했다. 그가 2005년 보잉의 CEO로 자리를 옮기기까지 문제는 순탄하게 풀린 것처럼 보였다.

그러나 이후 3M 조직 내부에서 이에 대한 비판적 회고가 터져 나오기 시작했다. 이를 통해 그간 외부에 알려지지 않았던 3M의 문제가 만천하에 드러나게 되었다. 3M의 내부 관찰자들은 맥너니 회장이 효율성 제고를 지나치게 중시하다 보니, 3M이 자랑하던 창조와 혁신의 문화가 상당 부분 사라졌다는 점을 지적했다. 맥너니는 식스시그마를 전사적으로 추진하면서 그 동안 상대적으로 자유로웠던 연구개발 부서 등에도 이를 고압적으로 적용시켰다. 식스시그마 프로세스가 구석구석 적용되면서 연구원들은 프로젝트 단계마다 세세한 프로세스 분석 보고서와 상업화 가능성에 대한 보고서를 제출해야 했다. 전과 다른 엄격한 관리방침이 적용되면서 연구원들은 창의적인 아이디어를 만들어낼 시간을 서류 작업에 빼앗기게 되었다.

이는 3M의 핵심역량이던 창의성을 갉아먹기 시작했다. 포스트잇을 발명한 아트 프라이Art Fry는 이러한 분위기에서는 결코 또다시 포스트잇이 나올 수 없다고 한탄하기도 했다. 실제로 3M은 보스턴컨설팅그룹이 발표하는 혁신기업 순위에서 지속적으로 내리막길을 걸었다. 3M의 주주들과 맥너니가 선택했던 효율화의 길이 완전히 틀렸다고 볼 수는 없으나, 이것이 만병통치약인 것처럼 과도하게 사용한 잘못도 분명 존재했다. 이 또한 문제를 시스템적으로 두루 살피지 않고 경험과 직관에 지나치게 의존한 데서 비롯된 부작용이었다.

이러한 함정을 피하기 위해서는 시스템 경영의 근본 방향인, 문제를 시스템적으로 바라보는 자세로 돌아가야 한다. 그런데 이런 경우 도출되는 해결책도 그만큼 복잡한 것이 아닌가 하는 의문을 가질 수 있다. 하지만 반드시 그렇지는 않다. 복잡계의 특성은 때로 결정적인 해결의 실마리가 요소요소에 숨어 있고, 이 지점을 건드리는 해법을 통해 극적인 변화를 끌어낼 수 있다는 가능성을 시사해 준다. 겉보기에 복잡한 현상들도 실은 매우 단순한 속성을 가진 개별 요소들의 상호작용을 통해 만들어질 수 있다. 또한 이면에 숨어 있는 다양한 상호작용 가운데 별 상관이 없을 것 같은 부분이 시스템 전체를 뒤흔드는 경우도 있다. 이러한 '단순성에서 빚어지는 복잡성complexity out of simplicity'은 문제를 해결할 수 있는 일종의 지렛대를 제공해 준다.

문제를 시스템적으로 바라본다는 것은 구조를 면밀히 살펴 숨어 있는 문제 해결의 지렛대를 찾는 과정으로 이해할 수 있다. 이번 장에서는 기업이 어떠한 순서로 문제에 접근해야만 이런 해결의 지렛대를 찾아낼 수 있는지 들여다보게 될 것이다.

문제를 시스템 차원에서 바라보는 조직문화를 정립하라

복잡계에서 비롯되는 다양한 현상에는 여러 가지 원인이 복합적으로 작용한다. 과거로부터 이어진 행태의 반복이 빚어낸 유산도 있으며, 조직개편이나 평가-보상제도 등으로 인해 새롭게 만들어지는 것도 있다. 이전까지 시행착오를 거쳐 무리 없이 작동하던 업무 관행들이 점차 환경이 바뀌고 부담이 늘어나면서 갑자기 말썽을 일으키는 경우도 종종 발생한다. 이럴 때는 섣불리 담당자를 문책하고 현장 직원을 닦달하기 전에, 시스템 차원에서 근본 원인이 어디에 있는지를 추적해야 한다.

이러한 접근의 예로 사우스웨스트 항공의 화물 운송 대란 사건을 들 수 있다. 사우스웨스트 항공은 잘 알려진 대로, 전통적인 '바큇살hub and spoke' 구조의 항공 운송체계에 도전해 포인트-투-포인트point-to-point 노선 전략과 파격적인 저가 전략으로 미국 시장에서 대성공을 거둔 세계적 항공사이다. 그런데 1990년대 말 취항지가 많아지면서 영업의 양대 축인 화물 운송에 문제가 생기기 시작했다. 일부 지역 공항에서 하치장이 부족해지면서 화물이 적체되고 배송 지연 사고가 빈발했다. 신속 배송을 중요한 모토로 삼고 있던 만큼 이러한 상황은 매우 곤혹스러운 것이었다.

면밀히 조사를 해보니 화물 배송 시스템에서 병목지점이 다수 발견되었다. 피닉스, 라스베이거스, 휴스턴 등 몇몇 주요 공항에 물량이 집중되면서, 이들 공항에서 화물을 싣고 내리는 시간이 매우 오래 걸렸다. 게다가 하치장 면적도 많이 소요되어 시설 이용료 부담도 상당했다.

사우스웨스트 항공은 이 문제가 이들 핵심 공항들에서 화물을 싣고 내리는 프로세스가 효율적이지 못해서 비롯된 것이라고 판단했다. 현장 인력과 프로세스 개선 전문가들로 구성된 팀이 꾸려

졌다. 그리고 현장 근로자들의 목소리를 청취해 가며 최적의 작업 효율을 낼 수 있도록 근무 환경을 개선했으며, 인력을 보충하고 하치장의 공간 활용도를 높였다. 이런 노력을 통해 전체적인 화물 운송체계가 개선되고 문제가 해결되리라 믿었다.

그러나 예상은 빗나갔다. 각 공항 단위로 치열한 업무 효율화 노력을 기울인 결과 일시적으로는 화물 운송이 개선되는 듯 보였지만 문제는 자꾸 원점으로 돌아갔다. 주요 공항들은 여전히 넘쳐나는 화물로 몸살을 앓았다. 문제의 근본 원인을 도외시하고, 문제가 터져 나오는 발생 지점만 막으려다 보니 실패를 반복한 것이다.

이러한 행태는 흔히 '프레리 독prairie dog 쫓기'에 비유되고는 한다. 프레리 독은 북미 지역에서 흔히 볼 수 있는, 땅굴을 파는 다람쥐의 일종이다. 이들이 파는 땅굴 구멍은 공들여 만든 정원을 망친다. 또 지나던 소나 말이 여기에 빠지면 발목을 다치기 일쑤이다. 그래서 이들을 쫓아버리기 위해 사람들은 여러 노력을 기울인다. 프레리 독의 습성을 잘 모르는 사람들은 일단 막무가내로 정원에 파놓은 구멍을 막는 데 힘을 쏟는다. 그러나 그런 구멍 하나를 막는다고 해서 프레리 독은 절대 사라지지 않는다. 여러 갈래로 뻗은 땅굴에 숨은 프레리 독 무리들은 또 다른 출입구를 만들어버린다. 이걸 막으면 다시 다른 곳에 구멍을 낸다. 불쑥 문제(구멍)가 하나 불거진다고 거기에 매몰되어 계속 땜질 식으로 막다 보면 문제는 근본적으로 해결되지 않은 채 흉터만 늘어난다.

롤스로이스Rolls-Royce사가 다국적 인력 관리에서 겪은 문제도 이와 유사했다. 롤스로이스 하면 많은 이들은 영국 왕실이 애용하는 중후한 최고급 자동차를 떠올릴 것이다. 그러나 오늘날의 롤스로이스 그룹에는 자동차 사업부가 존재하지 않는다. 1970년대 닥쳐온 경영 위기를 해결하는 과정에서 주인이 바뀌다가 결국 1998년에 독일 BMW의 자회사로 넘어가버렸기 때문이다. 방위산업과 관련된 롤스로이스의 다른 주력 사업부도 여러 차례 개편이 이뤄졌다. 1970년대에는 히스 내각*의 대대적인 국유화 조치가 있었고, 다시 1980년대 들어서는 신자유주의를 표방한 대처 내각에 의해 다시 분할되어 민영화되는 수순을 밟았다. 그 과정에서 독립된 자회사 중 하나가 해양 부문의 추진 시스템을 전문으로 하는 롤스로이스 마린Rolls-Royce Marine이었다.

원래 롤스로이스 마린의 주력 사업 부문은 원자력잠수함의 원자로와 같은 군함용 엔진이었다. 그들은 각국의 해군처럼 소수의 대형 고객들을 상대하는 조직이었다. 그러나 민영화와 함께 수익성을 높이고 새로운 성장 활로를 찾기 위해서는 민수용 제품 사업을 강화해야 했다. 한마디로 전 세계에 있는 많은 고객들을 상대

---

* 에드워드 히스(Edward Heath, 1916-2005)는 영국 보수당 정치인으로, 1970~1974년 총리를 역임했다. 히스는 1970년 총선 직전 셀스돈 파크 호텔에서 열린 정책회의에서 부실기업 지원을 줄이겠다는 우파적인 공약을 표방했다. 그러나 집권 이후 롤스로이스가 파산하자 이 원칙을 깨고 막대한 정부 보조 및 국유화 조치를 취해 우파의 큰 반발을 불러일으켰다.

로 보다 다양한 요구와 리드타임에 대응할 수 있는 조직으로 재편해야만 가능한 과업이었다. 롤스로이스 마린은 이러한 민간 부문의 사업을 강화하기 위해 1990년대부터 유럽의 관련 중소업체들을 적극적으로 인수 합병하기 시작했다.

그러나 오랜 기간 동안 거대 방위산업을 담당하던 공기업 체제에서 경직된 사내문화는 변화의 걸림돌로 작용했다. 새롭게 인수된 기업 소속의 북유럽 출신 구성원들은 이러한 롤스로이스의 관료적인 문화에 제대로 적응하지 못했다.

영국의 사무실을 차지하고 있던 롤스로이스 마린 관리자들은 처음에 이 문제를 국지적인 것으로 보았다. 그들이 내놓은 처방도 인력 재배치, 일부의 조직개편 등 불만이 높거나 경영방침이 잘 시행되지 않는 조직에 대해 '외과적인' 수술을 단행하는 것이었다. 그러나 이러한 노력은 번번이 실패로 돌아갔으며, 기대했던 시너지는 조금도 발휘되지 못했다. 이 또한 문제를 시스템적으로 바라보지 못한 결과였다.

사람들의 조직에 대한 충성도나 몰입도를 결정하는 것은 공식적인 조직 구조만이 아니었다. 사람들 사이에는 겉으로 드러난 관계 외에도 배후에 비공식적인 네트워크가 존재하였으며 그것이 사람들 사이의 관계에 실질적으로 영향을 주고 있었다. 이 비공식적인 관계를 변화시키지 않고서는 사람들의 행동을 변화시키기 어려웠다. 오히려 이를 무시한 조직 개편이 조직에 대한 몰입도를 더욱 떨어지게 만들었다.

거듭되는 문제에 대한 대응이 이렇게 본질을 건드리지 못하고 있다고 판단되면, 경영진은 즉시 시스템 차원에서 문제를 관찰하고 규명할 수 있는 권한을 지닌 팀을 조직해야 한다. 아울러 문제가 발생한 부분의 책임자만을 문책하지 않는다는 원칙을 천명해야 한다. 많은 조직에서는 흔히 견책을 두려워한 나머지 문제의 심각성을 드러내지 않으려고 하기 때문이다. 문제가 발생하는 즉시 이를 공개하고 상위 관리자나 경영진이 함께 문제를 고민한다는 인식이 확산되어야만 한다.

시스템의 관계 속에서 문제의 실마리를 찾아내라

그렇다면 문제를 시스템 차원에서 바라보고 분석하게 되면 어떤 새로운 점들을 찾아낼 수 있을까? 문제의 해결책을 도출하기 위해서는 문제를 증폭시키고 있는 시스템 구성 주체들 사이의 관계를 먼저 찾아내야 한다. 앞서 사우스웨스트 항공의 물류 대란 사태에 대한 다음의 대응이 이를 잘 보여준다.

사우스웨스트 항공은 우선 시스템 경영을 통한 문제 해결에 정평이 나 있던 외부의 자문조직에게 위탁했다. 이들은 먼저 각각의 개별 공항 차원에서 문제를 바라보던 시각에서 탈피해 사우스웨스트 항공이 운항하는 미국 내 모든 화물 운송망의 실태를 조사하였다. 그리고 일부 대형 공항에 화물이 집중될 수밖에 없는 배송 시스템에 문제가 있다고 발상을 전환했다. 그 결과 이들은 기존에 각 공항마다 화물을 연계하는 관행에 심각한 맹점이 있음을 간파했다.

예를 들어 뉴멕시코 앨버커키Albuquerque에서 캘리포니아 오클랜드로 보낼 화물이 있다고 하자. 아침에 이 화물을 실은 비행기의 운항 일정은 앨버커키(10:30) → 라스베이거스 → 샌프란시스코(13:15) → 산호세 → 샌프란시스코 → 오클랜드(18:10) 순으로 예정되어 있다. 그런데 또 다른 화물기로 샌프란시스코(14:15) → 오클랜드(15:35) 항공편이 있다고 하자. 이 경우 기존에는 화물을 빨리 보내기 위해 첫 번째 화물기가 샌프란시스코에 착륙했을 때(13시 15분), 화물을 내려 좀 더 빠른 두 번째 화물기로 옮겨 실었다. 이렇게 하면 당초 오클랜드에 18시 10분에 도착할 화물이 15시 35분에 도착하니 훨씬 좋은 것처럼 보인다. 물동량이 적은 한가한 공항에서 이런 환적 작업이 이뤄진다면 별 문제가 없을 것이다. 그러나 이렇게 좀 더 빠른 항공편들이 겹치는 공항들은 대개 물동량이 많은 대형 공항이었다. 이런 환적 수요가 가중되면서 이들 공항의 작업 부담도 늘고, 미처 작업을 완료하기 전에 화물기가 떠나야 하는 경우가 속출했다. 이 경우 화물이 샌프란시스코에서 제때 환적되지 못하면 하치장에서 대기하다가 다음 날 화물기에 실려야 했다. 차라리 환적을 하지 않았다면 당일 18시 10분에 도착할 화물이 더 늦게 도착하는 역효과가 발생했다.

기존의 연계 관행은 현장 관리자의 입장에서는 빠른 배송을 위한 합리적 선택이었다고 할 수 있다. 사실 사우스웨스트 항공이 담당하는 화물량이 많지 않았을 때는 이 방법은 효과적이었을 것이다. 그러다 보니 점차 괜찮은 방법으로 인식되어 하나의 관행으로 굳어졌을 것이다.

그러나 사업이 번성하고 물동량이 많아지자 숨어 있던 문제들이 하나 둘 터져 나왔다. 경험이란 함정에 빠져 있던 현장 관리자들이 바로 이것이 문제라고 상상할 수 없었던 것도 결코 무리가 아니다.

다국적 인력 관리에 골머리를 썩던 롤스로이스 마린도 역시 시스템 경영에 입각한 외부 자문진의 진단을 받았다. 이들이 주목한 부분은 사내 의사소통 네트워크였다. 조직의 의사소통 구조가 어떻게 왜곡되어 있고 조직원들의 융화를 방해하고 있는지 전체적인 실상을 파악하는 게 우선이었다. 조직 내에 배타적인 네트워크가 존재하고 이것이 변화의 걸림돌로 작용한다는 점은 누구나 어렴풋이 느끼게 마련이다. 하지만 그 전체적인 규모와 폐해는 모르는 경우가 대부분이다. 말단 사원부터 최고위 경영진까지 모두가 '별 것 아닌 문제이겠지', '내가 맺고 있는 밀착된 관계는 당연한 것이고 큰 문제가 되지 않을 거야' 라는 인식에 사로잡히기 쉽다.

외부 자문진은 실상 파악을 위해 사내 의사소통 네트워크에 대한 과학적인 분석을 시작하였다. 그들은 롤스로이스 마린의 사내 통신

망이 지닌 메시지 교환 패턴 등 프라이버시를 침해하지 않는 선에서 다양한 정보를 활용하여 의사소통 네트워크를 재구성하였다.

그 결과 비영국계 직원들로 구성된, 심각하게 파편화된 네트워크 구조를 파악할 수 있었다. 이들은 영국계 직원 및 관리자와의 의사소통이 단절된 채 갈수록 더 많은 소외감을 느끼고 있던 상태였다. 당초의 생각과 달리 몇몇 문제 많은 임직원들만의 문제이거나, 일부 파견 관리자들의 개인적인 문제가 아님이 드러났다. 또한 이 분절된 네트워크(클러스터)에서 핵심적인 역할을 하는 오피니언 리더나 구루들이 실은 따로 있다는 사실도 확인할 수 있었다. 결국 근본적으로 인수합병된 외국계 임직원들을 배려하는 새로운 정책이 필요함을 깨닫게 된 것이다.

이와 같이 문제의 핵심은 구조에 숨겨진 관계에서 드러나게 마련이다. 사우스웨스트 항공의 경우에는 화물이 공항 간에 전달되는 관계에 근본적 결함이 있었으며, 기존에 잘 작동하던 현장의 관행이 문제의 발견을 가로막고 있었다. 롤스로이스 마린은 조직 내부의 정보가 전달되는 관계가 심각하게 왜곡되어 있었으나, 경영진들은 영국식 인력 관리가 지닌 문제점을 정확히 파악하지 못하고 있었다. 시스템적으로 큰 틀에서 문제에 접근하고 관계를 면밀히 점검함으로써 이러한 문제가 비로소 수면 위로 떠오른 것이다.

관계를 지배하는 규칙에서 문제 해결의 지렛대를 움직여라

문제를 해결하기 위해서는 문제를 일으킨 관계를 지배하는 규칙을 바꿔야 한다. 기존에 통용되던 규칙도 일견 합리적으로 보일 수 있기 때문에, 이 단계에서는 밑바닥까지 내려가 원점에서의 재검토까지도 필요하다.

그런데 장 서두에서 이야기했듯이 반드시 규칙을 더욱 복잡하게 바꿔야만 문제가 해결되는 것은 아니다. 많은 경우에는 오히려 문제를 땜질 식으로 처방한 나머지 이미 손쓰기 곤란할 정도로 규칙을 복잡하게 만들어놓는다. 고르디아스의 매듭을 푸는 지혜는 바로 이러한 시점에서 쓰여야 한다. 거대한 시스템의 흐름을 바꿔놓는 지렛대를 찾듯이, 문제의 진단이 정확히 이뤄졌다면 간단하게 조정된 규칙만으로도 충분한 효과가 발휘된다.

다시 앞서 살펴본 사우스웨스트, 롤스로이스, 3M의 사례를 떠올리며 이들 회사들이 어떤 해결책을 내놓았는지 살펴보자. 사우스웨스트 항공의 문제를 들여다본 외부 자문진은 배송 조정 프로세스를 재검토한 결과 크게 2가지의 해결책을 제시할 수 있었다. 첫째는 화물을 옮겨 실을 중계공항을 설정하는 방법을 바꾸는 것이었다. 기존에는 신속한 배송만을 생각한 나머지 무조건 목적지와 가깝고 취항편이 많은 공항으로 화물을 보냈다. 이제는 거리상으로 다소 돌아가더라도 시간대별로 하치장에 여유가 있는 다른 공항으로 화물을 보내는 새로운 가이드라인이 만들어졌다. 이는 현장에서 참고하기 좋게 3페이지짜리 조건표로 만들어져 배부되었다.

둘째는 다른 항공편으로 화물을 옮겨 싣는 횟수, 즉 환적 횟수의 조절 방법을 바꾸는 것이었다. 기존에는 화물기가 다른 경유지를 거쳐 목적지에 갈 경우, 중간에 목적지에 좀 더 빨리 가는 항공편이 있다면 무조건 화물을 내려 빠른 항공편으로 옮겨 실었다. 이제는 다소 돌아가더라도 환적 횟수를 최소화하는 방향으로 운영 규칙을 바꾸었다.

이런 해결책이 제시되자 당장 경영진과 현장 실무진은 모두 커다란 반감을 드러냈다. 이런 간단한 2가지 변화가 그 동안 기울인 수많은 노력보다 더 좋은 효과를 거두리라고는 예상하기 어려웠기 때문이다. 하지만 경영진이 점차 해결책을 이해하고 사우스웨스트 항공 특유의 자유로운 사내 토론 문화를 통해 한번 바꿔보자는 인식이 확산되면서 현장에 이 방법이 보급되기 시작했다. 그 결과는 매우 극적이었다. 주요 6개 물류공항에서 옮겨 실어야 할 화물이 50~85%나 감소했고, 이에 따라 막대한 비용절감 효과를 거뒀다. 기존의 숱한 변화 노력이 무색하게 간단한 3페이지짜리 규칙과 환적 최소화 원칙을 도입했을 뿐인데도, 엄청난 성공을 거뒀던 것이다.

또한 롤스로이스 마린은 관리자들이 적극 나서서 사내 의사소통 네트워크의 핵심 인물들을 독려하고 이면의 문제를 공론화했다. 서로 문제를 털어놓고 해결책을 모색하는 분위기가 확산되기 시작하자 비로소 사내 네트워크를 통한 긍정적인 변화가 시작되었다. 민간 사업 부문에서 일하던 해외 인력들의 의견을 충실히 반영한 개편안이 영국 본사 조직 운영에도 피드백되면서, 고객의 니즈에 좀 더 긴밀히 반응하는 유연하고 창의적인 조직 분위기가 형성된 것이다.

군소 고객들을 상대로 노하우를 쌓아온 북유럽 출신 구성원들의 아이디어가 거대 조직에 확산되고 활기를 불어넣자 기존보다 훨씬 다양한 프로젝트들이 추진될 수 있었다. 그 덕분에 1999년에 3억 1,500만 파운드 규모였던 매출액은 2002년이 되자 세 배로 급증했고, 영업이익도 두 배로 뛰었다. 이처럼 자기조직화를 실천하는 조직문화의 확산과 함께 롤스로이스 마린은 소수 대형 고객과의 유착에 초점을 맞춘 회사에서, 전 세계 민간 고객들을 상대로 글로벌 멤버들이 함께 뛰는 기업으로 변신에 성공했다.

3M은 맥너니 회장에 이어 취임한 조지 버클리 회장 체제하에서 효율성 제고 방침을 전면 재검토하기 시작했다. 효율성이 중시되는 부서와, 창의성이 중시되는 부서를 나누고 이들이 다른 방식으로 돌아간다는 사실을 인정했다. 연구개발부서에 강요되던 식스시그마 목표 준수 요구를 대폭 경감하고, 연구개발비를 다시 증원하며 창의적 활동을 장려했다. 이로 인해 3M은 연마재, 나노기술 등 새로운 분야에서의 성장동력 발굴을 한층 강화할 수 있었다.

성과가 잘 안 나오면 그 근본 원인을 찾아서 해결했어야 했다. 성과가 안 나온다고 투입을 줄여봤자 일시적 효과는 있지만 이는 결국 성과의 원천과 동력을 약화시키는 결과를 일으킨다. 3M의 경우도 사람의 창의력을 높일 수 있는 관계를 어떻게 구축할 것인가에서 해법을 찾아야만 했다. 관계에서 해답을 찾지 않고 투입 자원을 줄이는 데 치중했던 3M은 커다란 비용을 치르고 나서야 근본적인 해결책으로 돌아올 수 있었다.

인간의 창의성이 발휘되는 과정은 사실 복잡계로도 밝혀내기 힘들 만큼의 난해한 메커니즘을 내포하고 있다. 그러나 기업 전체의 수익성 악화라는 문제를 다룰 때, 모든 세부적인 부분에서의 원가절감과 효율화 측면에서만 접근하다가는 이처럼 정작 중요한 조직의 창의적 역량까지 죽이는 결과를 낳을 수 있다. 이는 단기적인 성과 향상에는 도움을 줄지 모르지만 결국 시스템의 발전을 가져오는 관계를 손상시키게 된다. 3M은 바로 이런 눈에 잘 드러나지 않는, 그리고 맥너니 회장 시절 의도적으로 무시되었던, 창의력을 낳는 선순환 관계에 다시 눈을 돌려 해결책을 찾은 것이다.

흔히 기업을 살아 움직이는 유기체라고 한다. 몸이 아플 때 특정 질환에 대한 세부적인 처방과 처치를 통해 몸을 낫게 하는 경우가 있는가 하면, 전체적인 생활습관 변화와 체질 개선을 통해 건강을 회복시키는 치료도 있다. 시스템 경영은 무시하기 쉬운 후자의 존재를 강조하고, 양자의 조화로운 병행을 추구한다. 전체 시스템에 대한 이해를 바탕으로 관계의 중요성을 파악하여 그 속에서 적확한 해결책을 찾아내는 것, 그것이 시스템 사고 경영의 목표이다.

────── Principle 9

시뮬레이션을 통해 통찰을 다듬어라

시스템을 스스로 작동하게 하라

현재의 시스템에 문제가 있어서 이를 고치고자 할 때, 바람직한 해결책을 어떻게 찾을 수 있을까? 내가 생각하는 해결책이 과연 바람직한 효과를 가져올지 어떻게 알 수 있을까? 이를 가능하게 하는 것이 시스템을 컴퓨터에 모형화하고 여러 가지 전략이나 대책의 효과를 시뮬레이션 해보는 것이다.

1990년대 중반 GM의 북미지역 책임자였던 론 자렐라Ron Zarella는 전략적 문제에 봉착하였다. 그것은 당시 급격히 증가하던 중고차 판매상인 슈퍼스토어Superstore의 성장이었다. 과거에는 중고차 시장은 신차 시장과는 구분되는 시장이었다. 그러나 슈퍼스토어가 출고된 지 1~2년밖에 안 된 차들을 취급하면서 각종 보장 프로그램과 무상수리 서비스까지 제공함으로써 신차 시장을 위협하는 경쟁 상대로 떠오르기 시작했다.

같은 시기 자동차 메이커들은 리스 프로그램을 판매 확대의 수단으로 사용하기 시작하였다. 즉 몇 년간 리스 형태로 빌려주고 그 기간이 지나면 미리 계약된 중고차 가격으로 사용하던 차를 구입하거나 아니면 회사에 반납할 옵션을 주는 것이다. 즉 신차 구매의 부담을 줄임으로써 신차 수요를 늘리자는 전략이었다. 자렐라는 슈퍼스토어의 위협이 얼마나 커질지, 아니면 이에 대한 대응으로 리스 판매를 늘리는 것이 타당한 전략일지 정확히 판단하고 싶었다.

이 문제를 해결하기 위해 자렐라는 모델링 그룹과 함께 신차 시장과 중고차 시장의 시뮬레이션 모형을 만들었다. 신차가 출고되어 도로에서 운행되고 그중 일부가 중고차 시장에 들어와서 중고차 물량으로 공급된다. 소비자들은 신차 소유, 신차 리스, 중고차 구매 사이에서 선택하게 되는데 이 결정에 영향을 미치는 것은 신차의 가격, 리스 조건, 중고차의 가격, 중고차의 성능 등이다. 이러한 모형 구축 과정을 통해 신차 시장과 중고차 시장의 상호작용에 대해 많은 것이 밝혀졌다. 특히 리스 형태로 팔렸던 신차들이 계약기간이 만료되어 반납되면 그것이 중고차 시장에 매물로 들어

온다는 것을 알게 되었다. 슈퍼스토어에서 출고된 지 1~2년밖에 안 된 차들을 취급할 수 있었던 것도 바로 이 계약 만료된 리스 차들 때문이었다. 결국 자동차 메이커들의 판매 확대를 위해 취했던 리스 판매 전략이 바로 자신들을 위협하는 슈퍼스토어의 성장을 가져왔던 것이다.

그러면 이런 상황에서 택할 수 있는 최선의 전략은 무엇인가? 만약 경쟁사들이 공격적인 리스 판매 전략을 추구하고 있는 상황에서 GM만 리스 판매를 중단한다면 이는 시장점유율의 급격한 위축을 불러올 것이다. 이는 나중에 부메랑이 되어 돌아올 것을 알면서도 리스 판매를 하지 않을 수 없는 불가피한 조건이다. 마케팅 팀은 구매 시장은 위축되겠지만 리스 시장은 급속히 확대되고 있으므로 이 시장에 주력하면 판매 확대를 계속 유지할 수 있을 거라고 주장했다. 더구나 중고차 가격이 높은 가격을 유지하고 있었으므로 리스 후 중고차 시장에 차를 팔아도 자동차 메이커 입장에서는 수익이 좋은 사업모델이라는 주장이 제기되었다.

이러한 조건들을 감안하여 여러 가지 전략에 대해 그 효과를 시뮬레이션 해볼 필요가 있었다. 경쟁사들이 리스 판매 전략에 소극적일 경우와 적극적인 경우, 시장 상황이 호황일 때와 불황일 때 등을 나누어서 시뮬레이션을 실시했다. 특히 시장 상황이 호황이면서 중고차 시장이 성장할 때는 중고차 가격이 계속 상승하지만 중고차 시장에 매물이 크게 증가하고 시장도 위축되는 상황이 도래하면 중고차 가격이 하락하기 시작한다. 한번 중고차 가격이 하락하기 시작하면 리스를 통해 나갔던 차들에 대해 고객들이 구매 옵션보다는 반납 옵션을 활용할 가능성이 높아진다. 애초에 계약했던 구매 옵션 가격보다 중고차 시장의 가격이 더 낮아질 것이기 때문이다. 그러면 보다 많은 리스 차들이 반납될 것이고 이들은 중고차 시장에 매물로 유입될 것이다. 그러면 중고차 가격은 더 떨어지는 악순환이 작동한다. 더구나 중고차 가격의 하락은 자동차 메이커로 하여금 리스 차의 예상 잔존가격보다 중고차로 팔았을 때의 실제가격이 더 낮아지게 만든다. 이것은 리스 판매의 수익성을 악화시키는 요인으로 작용한다.

모형은 여러 가지 상황에서 최적의 전략으로 리스 판매를 하되 리스 계약 조건을 장기로 하는 전략이 최적임을 보여주었다. 경쟁사들이 리스 판매를 공격적으로 하는 조건에서 나만 리스 판매를 하지 않는 전략을 택하면 상당한 피해를 입게 된다. 따라서 리스 판매를 하되 그 계약기간을 장기로 하는 것이 바람직한 전략이 되는 것이다. 이는 리스를 통한 판매에 그다지 큰 영향을 미치지 않으면서 GM 중고 차량이 GM 신차 판매에 미치는 영향을 최소화시키는 전략이었다. 또한 시장이 불황에 빠지고 중고차 가격이 하락하는 상황에서도 장기 리스 전략은 수익성 악화를 최소화할 수 있었다.

이 시뮬레이션 결과를 바탕으로 GM은 단기 리스 판매 상품을 모두 폐지하였다. 사실 1997년 이후 미국에서 중고차 가격은 하락하기 시작했다. 리스 판매 확대가 시간이 지난 후 중고차 매물의 확대를 초래했기 때문이다. 결국 포드와 크라이슬러 등 자동차 메이커들은 급격한 수익 악화에 직면하였다. 포드 크레딧 코퍼레이션Ford Credit Corporation은 수익이 1997년 28%나 감소했다. 그러나 GM은 장기 리스 판매 전략을 유지함으로써 이러한 수익성 악화를 피할 수 있었다. GMACGeneral Motors Acceptance Corporation은 오히려 수익이 6% 이상 증가하였다. 1998년 이후에는 다른 경쟁업체들도 단기 리스를 폐지하기 시작했다.

대부분의 미국 자동차 업체들은 중고차 시장의 확대로 인한 신차 판매 위축 상황에 대해 리스 판매를 확대하는 방침으로 대응하였다. 그러나 실상은 이것이 오히려 중고차 시장의 확대를 더욱더 촉진하였고 문제를 더 악화시켰다. 어제의 해결책이 오늘의 문제로 되돌아온 것이다. 그것은 리스 차량의 이용자가 이후 어떻게 행동을 할지, 시장 상황의 변화에 대해 어떻게 대응할지를 충분히 고려하지 못한 탓이었다. 현상에 대한 즉흥적인 대응이 어떠한 문제를 가져올 수 있는지, 그리고 컴퓨터 모형화와 시뮬레이션이 이러한 문제를 어떻게 극복할 수 있는지 GM의 사례가 잘 보여주고 있다.

시스템은 내적인 상호작용을 통해 스스로 변화한다. 스스로 변화하는 것이기 때문에 그것이 어떻게 작동하는지를 세밀하게 파악해야 한다. 구성 요소가 서로 어떤 영향을 주고 어떻게 반응할지를 예상하고 그것이 순차적으로 어떻게 전개될지를 예상해야 한다. 만약 내가 거기에 어떤 충격이나 변화를 주었다면 그것 역시 스스로 작동하는 시스템에 어떻게 영향을 주어 그 작동을 어떻게 바꿀지를 생각해야 한다. 결국 시스템의 행태를 예상하기 위해서는 시스템을 가상으로 작동시켜 봐야 한다. 가상으로 작동시키는 것, 이것이 바로 시뮬레이션이다.

시스템의 구조를 파악하고 그것을 각종 그림으로 표현한다고 하더라도 이는 가설을 제시하는 데 지나지 않는다. 이 가설들을 다각도로 테스트하고 검증해야 한다. 그러나 현실적으로 우리가 관심을 가지고 있는 시스템에 대해 실험을 해볼 수 없는 경우가 대부분이다. 우리의 비즈니스에 대해 하나의 전략을 시험해 보고 다시 원래 상태로 돌아간 후 또 다른 전략을 시험해 볼 수는 없다. 따라서 시뮬레이션이야말로 우리가 시스템에 대한 가설을 테스트해 볼 수 있는 유일한 방법이다.

정밀하게 고안되고 검증된 컴퓨터 모형은 가설을 검토하고 현실을 학습하는 데 필수적인 도구이다. 컴퓨터 모형은 다음과 같은 유용성을 갖는다.

- 시스템의 구조가 어떤 행동 패턴을 낳는지 직접적으로 보여준다.

- 시스템이 실제 현실에서 나타나는 결과를 비슷하게 산출하는지 검증할 수 있다.
- 시스템의 여러 측면이 변화하였을 때 행태가 어떻게 바뀔지 탐색이 가능하다.
- 다른 방법으로는 발견할 수 없었던 레버리지 지점을 발견하게 해준다.
- 보다 깊이 시스템에 대해 학습하게 해주고 생각의 결과를 실험할 수 있게 해준다.

대개의 경우 시스템에 어떤 변화를 주었을 때 그것의 직접적인 결과만을 고려한다. "가격을 낮추면 판매량이 얼마 늘 것이다", "인원을 몇 명 줄이면 비용이 얼마 감소할 것이다"라는 식으로 말이다. 그러나 이러한 변화는 시스템 내의 상호작용을 바탕으로 다양한 경로를 통해 반복적으로 영향을 미친다. 즉 가격 인하는 일시적으로 판매량을 늘릴지 모르지만 경쟁업체의 가격 인하를 초래할 것이고 이로 인해 자사 판매량이 다시 감소하는 악순환이 지속될 것이다. 인원 감축 역시 당장은 비용이 감소하겠지만 이로 인한 종업원 사기 저하, 인적자본의 유출 등으로 장기적으로는 오히려 비용을 상승시킬 수도 있다.

이처럼 시스템의 동태적인 변화는 내부 구성 요소들 사이의 축적된 상호작용의 과정으로서 이해해야 한다. 이러한 변화를 이해하기 위해서는 시스템을 가상적으로 작동시켜 보아야 한다. 머릿속에 모형을 만들어서 이것을 작동시켜 볼 수도 있지만 컴퓨터로 현실을 모사한 모형을 만들어서 작동시킬 수 있다. 축적된 상호작용의 결과를 보기 위해서는 이러한 시뮬레이션 접근이 필하다.

영국의 SCA 패키지 사는 컴퓨터 모형화와 시뮬레이션을 통해 잘못된 정책을 바로 잡은 사례이다. 이 회사는 포장재를 생산하는 업체로 관련 업종에서는 영국에서 가장 큰 회사였다. 이 회사는 고객을 두 부류로 나누어 납품관계를 맺었는데, 첫째는 납기를 충분하게 하는 대신 마진폭을 낮추어 싸게 공급하는 저低마진 고객이고, 둘째는 납기를 줄여 주문에 신속하게 대응하는 대신 마진폭을 높여서 비싸게 공급하는 고高마진 고객이었다.

그런데 이 회사의 수익성이 점점 악화되는 상황이 벌어졌고, 이에 대해 회사 내부 경영진은 저마진 고객을 줄이고 고마진 고객을 늘리는 것이 수익성을 높이는 길이라고 생각하였다. 과연 이 대책이 원하는 결과를 가져올 것인가?

SCA 패키지 사는 이를 테스트하기 위해 컴퓨터 모형화와 시뮬레이션 방법을 활용하기로 하였다. 그리하여 비용과 수익에 영향을 미치는 요인을 면밀히 살펴 이를 모형에 반영하기 시작하였다. 이렇게 구축한 모형에서 고마진 고객의 비중을 늘리는 정책을 취한 결과를 살펴보니 오히려 수익성이 더 악화되는 모습이 나타났다. 고마진 고객의 증가는 신속한 주문에 대응하기 위한 재고 증가, 생산라인의 불규칙적 가동으로 인한 불량률의 증가, 노동강도의 불안정에 따른 근로의욕 및 생산성 저하를 일으켜 예상 밖의 비용 증가를 가져왔다. 오히려 고마진 고객의 비중을 줄여 안정적이고 효율적인 생산 및 배송 시스템을 유지하는 것이 수익성을 개선하는 효과를 가져온다고 나타났다.

변화 메커니즘을 모형화하라

시스템의 동태적 변화에서 중요한 것은 바로 변화의 누적이다. 일정한 변화가 누적되어 시스템에 남고 그것이 다시 새로운 변화의 밑바탕이 된다. 이것이 가장 기본적인 순환 관계이다. 즉 상태가 변화를 낳고 변화는 다시 상태에 영향을 주는 것이다. 이러한 피드백 메커니즘이 지속적인 변화를 낳는다.

인구의 증가 패턴은 현재의 인구 상태에서 출생자 수와 사망자 수가 결정되고 이에 의해 현재의 인구 변화량이 결정된다. 그리고 현재의 인구 변화량은 다시 인구 규모를 결정한다. 이러한 반복적인 상호작용에 의해 인구 규모의 동태적 변화 과정이 형성된다. 매기마다 인구 수준과 인구의 변화량이 순차적으로 결정됨으로써 인구의 변화 패턴이 결정되는 것이다.

이러한 인구 변화 패턴을 추적하기 위해서는 인구 변화 모형을 작동시켜 봐야 한다. 순차적으로 영향을 주고받는 모형을 구축하고 이를 시간의 흐름에 따라 작동시킨다. 이것이 '시스템 작동시키기' 관점이다. 이러한 작동시키기 관점에서 시스템을 봐야 그 동태적인 움직임을 제대로 파악할 수 있다. 내적인 상호작용을 통해 스스로 변화해 가는 시스템으로서 그 진면목을 제대로 볼 수 있는 것이다. 이러한 것은 청사진을 가지고 건물을 짓는 것과 대비된다.

여기서 핵심은 사람들의 반응을 모형화하는 것이다. 사실 의도하지 않은 효과의 대부분은 관련된 주체의 예상치 못한 반응에서 비롯된다. 다양한 주체의 다양한 반응과 이들간의 상호작용이야말로 시스템의 복잡성을 낳는 원천이다. 사람들의 행동 규칙, 상호작용의 규칙을 얼마나 적절히 정량화하여 표현하느냐에 따라 모형의 현실성이 좌우된다. 이 정량화된 규칙을 모형에 넣고 이 규칙에 따라 상호작용하게 함으로써 현실성 높은 모형의 시뮬레이션 결과를 볼 수 있다.

물론 이러한 수준의 시뮬레이션을 성공적으로 수행하기 위해서는 많은 현실적인 어려움이 따른다. 그러나 그것이 단순히 프로그래밍 기술, 능력의 부족만은 아니다. 컴퓨터 모형화의 어려움은 프로그래밍 기술을 습득하는 데 있다기보다는, 현실을 제대로 재현하는 방법을 습득하는 데 있다. 즉 지속적으로 우리의 가정을 테스트하고 탐구함으로써 컴퓨터 모형이 우리의 현실에 대한 최선의 이해를 잘 반영하여 신뢰성 있는 행태를 보여주도록 하는 것이 어렵다. 많은 사람들이 시뮬레이션 모형을 사용할 때 알 수 없는 가정들이 들어가는 것으로 생각하지만 실제로는 그렇지 않다. 시뮬레이션 모형을 짤 때는 오히려 많은 가정들이 명시적으로, 정량적으로 표현되지 않으면 안 된다. 애매한 의사결정 규칙이나 행동 방식을 양적이고 분명한 관계로 표현해야 하는 것이다.

미국의 군함제조업체인 잉걸스Ingalls 사의 사례는 사람들의 반응을 모형화하는 것이 얼마나 중요한지를 알려준다. 이 회사는 현재 군수그룹인 노스럽Northrop 사의 일원으로, 군함 제작을 주로 하며 종업원이 1만 명이 넘는 대형 회사이다.

1970년 이 회사는 미 국방성으로부터 상륙용 항공모함 9척과 구축함 30대라는 당시 세계 최대 규모의 계약을 따냈다. 이 회사의 모든 사람들이 대단한 행운을 얻었다고 기뻐했고 프로젝트의 성공적인 완수를 위해 열심히 노력했다. 그러나 1976년 잉걸스 사는 이 프로젝트 때문에 회사가 존폐 위기까지 몰리는 상황에 처하게 된다. 비용이 계약금보다 5억 달러나 초과되었기 때문이다. 중간에 국방성의 설계 변경 요구로 인해 제조 기간이 길어지고 각종 설비가 추가되었던 것이다.

잉걸스 사는 이 초과비용이 국방성의 지속적인 설계 변경 요청 때문이었고, 따라서 국방성에서 모두 보상해 주어야 한다고 주장했다. 하지만 국방성 측은 추가로 요구한 부분은 2억 달러 정도밖에 안 된다, 그러니 나머지 3억 달러는 관리를 잘못한 잉걸스 측의 책임이라는 입장이었다. 결국 국방성과 잉걸스는 이 추가비용의 책임 소재를 놓고 소송을 벌이게 된다.

문제는 간접적인 초과비용이 국방성 책임이라는 것을 밝히기가 쉽지 않았다는 점이다. 이 법정 공방에서 잉걸스 사는 자신의 주장을 뒷받침하기 위해 컨설팅업체에 의뢰해 프로젝트의 진행 과정을 컴퓨터 시뮬레이션 모형으로 만들었다.

그 기본구조는 〈그림 3-2〉와 같다. 이 그림을 살펴보면 초기에 해야 할 일이 있고 이것은 작업 수행에 의해 완료된 일로 바뀌어 간다. 작업 중 일부는 잘못으로 인해 다시 해야 할 일로 되돌아간다. 이 흐름은 작업 속도와 작업의 정확성에 의해 좌우된다. 이 기

| 그림 3-2 잉걸스 사의 건함 프로젝트 진행 과정 |

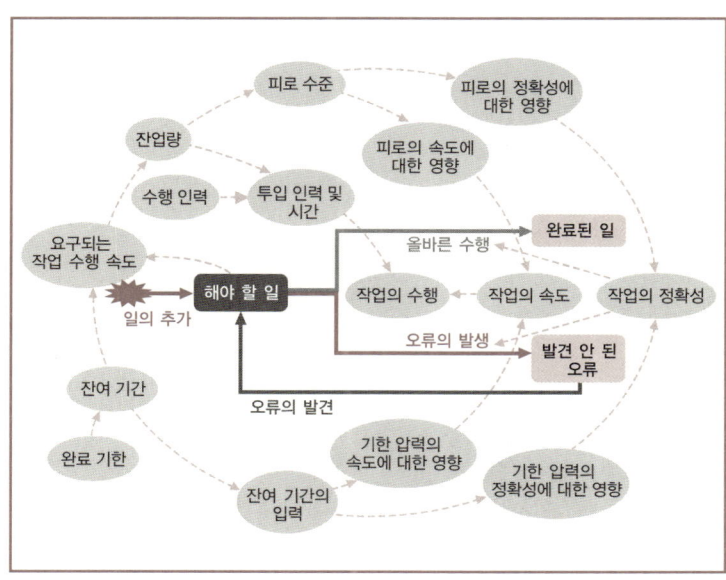

본구조를 바탕으로 여기에 영향을 미치는 중요 요인들을 찾아 결합하면 프로젝트 수행 모형이 만들어진다. 언뜻 보기에는 복잡하지만 가만히 생각해 보면 상식적으로 이해가 가능한 구조라는 것을 알 수 있다. 일정의 압력, 초과근무로 인한 피로 등이 작업 속도와 정확성에 영향을 미치는 요인들임을 쉽게 알 수 있다.

다음에는 이 모델의 각 변수들을 수량화하고 초기에 해야 할 일의 양이나 변수들간의 관계를 실제값에 근사하게 맞추었다. 해군으로부터의 추가 요구도 모델에 넣었다. 그리고 시뮬레이션을 해서 나온 결과가 실제와 유사하도록 모델을 조정했다. 이렇게 현실과 유사한 모형을 만들어서 설계 변경 요청이 없었을 경우의 1안과, 설계 변경 요청을 반영했을 경우의 2안을 시뮬레이션을 통해서 보여주었다. 이때의 비용 차이가 변경 요구로 인해 발생한 비용이라고 볼 수 있었다. 시뮬레이션 결과는 일을 10% 추가할 경우 비용 면에서는 40% 이상의 추가비용을 발생시킨다는 사실을 보여주었다. 설계 변경 요구가 직접적인 추가비용 이외에 엄청난 간접 비용의 증대를 가져온다는 사실을 분명히 보여주었다.

이 시뮬레이션 결과에 배심원들은 완전히 설득됐고, 결국 완강히 버티던 국방성 당국자도 두 손을 들고 말았다. 이 사건은 국방성에서 4억 4,700만 달러를 지불하는 것으로 결론이 났다. 5억 달러 전부는 아니었지만 이것만으로도 잉걸스 사의 완벽한 승리였다.

이 모형에서 핵심은 납기 압박 및 피로도가 사람들의 작업 속도 및 정확도에 미치는 영향을 모형화했다는 사실이다. 그리고 당시 쟁점이 되었던 중간 설계 변경의 영향을 이 모형을 활용하여 시뮬레이션해 보았다. 시뮬레이션 결과 중간의 업무량 추가가 네 배 이상의 비용 및 투입의 증가를 가져온다는 사실을 밝혀냈다. 중간의 업무량 증가가 납기 압박 및 피로도의 증가를 가져오고 이는 작업의 정확도를 떨어뜨려 다시 작업해야 할 업무량을 급격히 증가시키기 때문이다. 이 프로젝트 모형이 보여주는 사실은 중간중간 일이 늘어나는 것이 프로젝트 수행에 얼마나 큰 악영향을 끼치는가 하는 점이었다. 내부의 피드백 루프에 의해 작은 충격이 증폭 과정을 거쳐 큰 영향을 미치게 되는 현상이 벌어진 것이다.

세계적인 생활용품 업체인 유니레버Unilever 사도 사람들의 반응에 대한 컴퓨터 모형을 활용하여 성공적인 마케팅 전략을 찾아냈다. 이 회사의 온라인 마케팅 모형 사례를 보자. 온라인 마켓의 고객들은 물건 구입시 다른 사용자의 평을 많이 참고하게 된다. 제품 인지와 구매 결정에서 소비자들 사이의 상호작용이 매우 중요한 역할을 하는 것이다. 어떤 제품은 좋은 평이 돌아서 갑자기 수요가 폭발하기도 하고, 어떤 제품은 사람들의 관심을 받지 못한 채 수요가 지지부진하기도 한다.

유니레버는 소비자들의 네트워크와 그들 사이에 의견이 전달되는 과정을 조사해서 컴퓨터 모형을 만들었다. 그리고 어떤 사람들에게 마케팅 활동을 집중했을 때 좋은 평이 빨리 퍼져서 제품이 붐

업될 수 있는지를 테스트했다. 시뮬레이션을 통해 최적의 마케팅 전략을 도출한 것이다.

시뮬레이션을 활용한 기업들

이러한 시뮬레이션 방법은 전략 수립과 평가만이 아니라 프로세스 개선에도 활용되고 있다. 킴벌리&클라크 사는 시뮬레이션을 통해 SCM의 개선을 달성하였다. 이 회사의 독일 코블렌츠 공장은 유럽 내 국가들의 이질적인 소비자들이 만들어내는 다양한 수요와 급변하는 시장 환경에 대한 적응력 부족이라는 문제를 드러내기 시작하였다. 수요 예측 및 생산계획과 시장수요의 괴리가 날이 갈수록 심해졌다.

이 회사는 이 문제를 해결하기 위해 일별 거래 데이터를 분석하여 다양한 주체들 사이에 이루어지던 상호작용의 규칙을 찾아내고 이를 모형화하였다. 그리고 시뮬레이션을 통해 보다 시장 변화에 적합한 관리체계를 찾아냈다. 이를 통해 구체적인 개선 효과를 거두었는데, 생산라인 전화 회수가 이전 132회에서 80회로 감소하였고 생산라인 유휴일 수가 47일에서 22일로 줄어들었다. 또한 환적량이 2.7% 절감되는 효과를 거두었다. 현실 데이터를 이용하여 적합성 높은 시뮬레이션 툴을 개발함으로써 구체적인 개선 방안을 찾아내고 큰 성과를 거둘 수 있었던 것이다.

오늘날 컴퓨터 모형을 이용한 시뮬레이션 분석은 이미 세계 유수의 기업들에서 전략 수립과 프로세스 개선에 활용되고 있다. 마이크로소프트, 휴렛팩커드, 브리티시텔레콤, 유니레버, P&G 같은 회사들이 이 방법을 적극 활용하고 있다.

경영 현실은 복잡한 시스템으로 이루어져 있다. 복잡한 시스템 속에서 발생하는 문제들은 복잡계의 관점에서 풀어야 한다. 복잡계의 특성을 이해하고 활용해야 할 뿐만 아니라 컴퓨터 모형화 시뮬레이션 같은 진화된 방법들을 활용해야 한다. 시대 변화에 걸맞은 새로운 사고와 새로운 방법이 필요한 것이다.